AF461712

D^ico O^pera M^ea

REGI.

OEVVRES DE Mre. J. LE ROYER

Sieur de la Bliniere, Advocat au Parlement de Rouen, Conseiller du Roy, Iuge de ses Gabelles aux neuf Elections privilegiées de Basse Normandie.

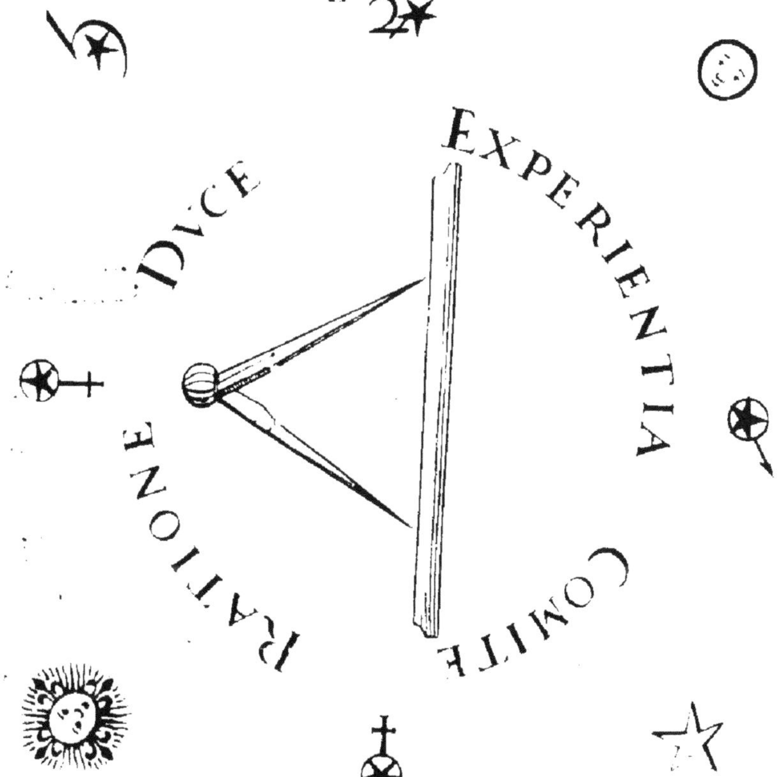

Imprimez à Avranches, & se vendent

A PARIS,

Chez R. J. B. DE LA CAILLE, Marchand Libraire, & Imprimeur, ruë S. Jacques, aux trois Cailles.

M. DC. LXXVIII.

AVEC PRIVILEGE DU ROY

TABLE DES MATIERES QUI SONT en ce Volume.

AV ROY.

IRE,

Ie laisse à la plume des autres E'criuains vn air libre, pour d'écrire vos beaux exploits, vos grandes victoires, & vos illustres triomphes, & pour bon-

ne qu'elle puiſſe eſtre, quand meſme elle ſeroit partie des aiſles de Pegaſe, & ſoûtenuë par Apollon & les Muſes, elle ſeroit touſiours rampante, & ne pourroit iamais atteindre au but qu'elle ſe ſeroit propoſé: & d'effet ces Muſes ont déja épuiſſé toutes leurs veines, & tary leur ſource Cabaline, & ont cüeilly tous les Lauriers de leur Parnaßе, & leur cheual Pegaſe, bien qu'il ait des aiſles, eſt laßé de vous ſuiure dans vos victoires, & vos conqueſtes: & vout n'eſtes pas encor arriué au bout de voſtre carriere: Ces puiſſantes armées que vous auez toutes preſtes de fondre ſur vos ennemis dans cette ſaiſon d'hyuer, vont les reduire aux derniers abbois & à l'extremité, ainſi que ie preuois, ſi i'oſe en parler; car comme Alexandre le Grand n'auoit permis qu'à Lyſippe, Pyrgotele & Appelles, les plus excellents Sculpteurs & Peintres de ſon regne, de tailler & peindre ſon image, ie ne ſuis pas aßez preſomptueux pour entreprendre de tracer la voſtre.

I'aime mieux ſuiure, & meſme rencherir ſur vn particulier Romain, lequel appella de Ceſar à Ceſar, ou il gagna ſa cauſe qu'il auoit perduë, & me plaindre, ſi ie l'oſe, auec tout le reſpect & la ſoubmiſſion poſſible à VOSTRE AVGVSTE MAIESTÉ, d'Elle meſme, & pour Elle. Oüy, SIRE, il y va de voſtre intereſt d'écouter & d'auoir égard à mes plaintes, & me faiſant cette grace, i'eſpere que vous en receurez de l'vtilité & de la ſatisfaction.

Le ſubjet de mes pleintes, ſi vous me permettez de les exprimer, eſt que Dieu m'ayant donné la connoiſſance de pluſieurs beaux ſecrets, & de quelques ſciences nouuelles, ie pris la liberté de vous les preſenter en l'année 1660. *auec vn petit Traité que ie fis imprimer des Cauſes du Flux de la Mer, des Vents & des Fiéures: & dautant que mes Propoſitions ne furent point écoutées, à cauſe qu'elles eſtoient ſi ſurprenantes, qu'elles sembloient ſurpaſſer les forces de la nature, ie propoſé en* 1662. *de faire trouuer des eauës dans & proche de Verſailles, & d'éleuer celles qui ſeroient trop baſſes, auec vne machine tres-facile, & qui eſt de mon inuention: mais cela n'eut pas vn meilleur effet, peut-eſtre pour la meſme raiſon: ce qui m'obligea d'en faire imprimer la demonſtration en Latin au commencement de l'année* 1665. *& d'y ioindre vne nouuelle cauſe des Cometes; & voyant que mes ſoins eſtoient inutiles, & que i'auois perdu mon temps & ma peine, n'ayant peu trouuer perſonne à la faueur de ces lumieres, non plus que Diogene auec ſa lanterne, qui me preſtât la main pour m'approcher de V. A. M. ie fis ainſi que nous faiſons, & deuons faire à l'égard de la Maieſté Diuine, priant les Saints de luy preſenter nos requeſtes & nos prieres.*

Car ayant trouué l'occaſion fauorable ſur la fin de la meſme année, de l'entrée en la ville d'Auranches de Monſeigneur le Duc de Montauſier, Gouuerneur pour V. A. M. dans voſtre Prouince de Normandie, de luy presenter en François cette demonstration de l'éleuation de l'eau, & le prier d'estre son Protecteur aupres de Vous; mais cela n'ayant point encor mieux reüssi, mes esperances furent éteintes, & ie fis mesme mon possible pour en éloigner & en reietter la pensée, mes aisles estant trop foibles pour m'éleuer si haut.

Neantmoins craignant faire vn crime d'enfoüir dans l'oubly les talents que Dieu m'auoit donné, ie fis deßein en 1674. de presenter à Monseigneur le Duc de Roquelaure commandant pour V. A. M. en cette mesme Prouince, lors qu'il deuoit venir à Auranches, vne chose plus triuiale & de moindre consequence, que ce que i'auois promis du precedent, & pour cét effet ie fis vn petit Traité d'vn baston, que i'appellé vniuersel, ou ie donné le moyen d'y mettre plusieurs Cadrans & instrumens de Mathematique, & luy demandois son appuy proche de V. A. M. & le priois de presenter à Monseigneur le Dauphin vn Traité de l'Art des Arts & des Sciences, ou des nouuelles Inuentions, & n'estant point venu en cette Ville là, ie fis imprimer au commencement de 1675. le premier, & l'autre ensuite, ausquels i ay ioint d'autres Traitez, ayant encor recherché d'autres Personnes pour estre mes Protecteurs.

Voila SIRE, comme les choses se sont passées, & le suiet de mes plaintes, mais mon principal déplaisir est, que vous n'auez point écouté mes Propositions, ny par consequent recüeilly les fruits & le contentement qu'elles nous auroient peu donner, & ſpecialement dans Voſtre magnifique Louure de Verſailles.

Car bien que ce ſoit le plus beau & le plus charmant Palais du monde, ie puis dire (ſi i'oſe encor me van-ter, & faire de belles Propoſitions, à preſent que les Muſes ayant oüy parler de ſi agreables inuentions, & qui leur ſont propres pour rétablir leur fontaine qui eſtoit tarie, & étancher leur ſoif, afin de mieux chanter Vos loüanges, & faire produire de noueaux lauriers à leur Parnaſſe, pour Vous en faire des cou-ronnes, & à reparer les forces de leur cheual, pour mieux ſuiure Vos nouuelles conqueſtes: cela me don-nant lieu d'eſperer qu'elles ſeconderont mes entrepri-ſes, & ne les abandonneront pas au beſoin, ſi cela eſt, ie leur promets la deſcription d'Vn beau Parnaſſe) i'oſe donc dire que ce Palais ſeroit encor plus illuſtre & admirable qu'il n'eſt pas; car il y auroit quatre fois plus d'eau, & qui auroit couſté quatre fois moins à y conduire & entretenir, que celle qui y eſt preſente-ment, & qui en fait Vn des plus agreables ornemens, ſans faire icy de noueaux proiets, de peur qu'ils ne fuſſent pas ſuiuis, & qu'ils ne paſſaſſent auſſi pour eſtre impoſſibles, & que ie n'euſſe encor le déplaiſir de les Voir faits par d'autres, comme il eſt arriué à l'égard de quelques Secrets que i'auois propoſé en 1660 n'ayant eu que la peine de les auoir trouué, & d'au-tres en ont eu l'honneur & la recompenſe, pouuant dire en cette rencontre,

Hæc ego ſecreta inueni tulit alter honorem.

Ayant suiet de me pleindre de la fortune, en ce que m'ayant esté fauorable dans mes inuentions, elle m'a esté contraire & ingrate dans l'execution, iusques à ce iour, que ie peux compter pour le premier de ma vie, les precedens ne deuant passer que pour vne nuit, & vn cahos remply de peines, de chagrin, & de maladies, esperant que ceux qui me restent seront heureux, puisque ie les consacre à Dieu, ainsi que les Secrets & les Sciences qu'il ma donné, comme à leur centre & leur premier principe, pour luy en rendre l'honneur & la gloire, & que par apres i'offre à V. A. M. comme à leur but & leur derniere fin, afin que vous en receuiez les vtilitez qui en peuuent naistre, pouuant dire encherissant sur la pensée de Bias,

Omnia nostra fero Domino Regique daturnus.

Vous suppliant de les auoir agreables, & ie seray rauy d'auoir fait quelque chose qui vous ait peu plaire, & qui vous puisse marquer, SIRE, que ie suis plus par inclination, que par ma naissance,

De VOSTRE AVGVSTE MAIESTE',

Le tres humble tres-obeissant
& tres-fidelle subiet & seruiteur,
I. LE ROYER.

EXPLICATION DES DEVISES qui ſont au Couuercle de ce Liure, & quelques remarques ſur la Laugue Françoiſe, & ſur les Fautes d'impreſſion.

BIEN que la pluſpart des figures qui ſont au couvercle de ce Livre, ſoient expliquées apres le Chapitre de l'inclination des Arbres vers les Metaux, Mineraux, & les Eaux; comme ce Livre a eſté imprimé à Avranches, & que les Planches ont eſté faites à Paris, & que ſi tout ce que j'avois projetté d'y mettre y eût eſté, il s'y ſeroit trouvé trop de confuſion, le couvercle eſtant trop petit, je n'ay pas pû y mettre commodément un Aſtrolabe tout entier, ny la Table des 19. années, ny tous les Vents: je me ſuis contenté d'y mettre les huit principaux, par leurs premieres lettres ſeulement, & pour les connoiſtre il faut renverſer le couvercle, apres avoir trouvé l'heure qu'il ſera pour lors, par le Cadran Equinoxial, de la façon que nous avons dit à l'endroit cy-deuant remarqué.

Les deux Cadrans qui ont les ſignes dans leurs centres, & qu'il a fallu mettre par dedans le couvercle pour éviter la confuſion qu'il y auroit,ſi on les avoit mis deſſus, ſe peuvent mettre & meſme plus commodément ſur des cones ou pyramides, comme des Tabatieres, ou ſur des Globes, que ſur des plans, à moins qu'on ne leur donnaſt plus de tour que je n'ay fait.

Ceux qui voudront y mettre des fueilles de tablettes le pourront faire, n'ayant pas fait deſſein d'en mettre à tous, ce Livre n'eſtant pas de ceux qu'on porte ordinairement ſur ſoy ; & ſi on veut mettre toutes ces Figures & quelques-uns des Cadrans ſur des Tablettes & des Almanacs, avec des Ephemerides pour l'année, & un Aſtrolabe, cela ſera curieux & utile.

Les grandes lettres A. M. D. R. G. veulent dire, *Ad majorem Dei*, &, *Regis gloriam.* S. N. D. B. *Sit nomen Domini benedictum.* A. 1678. v. 1° *Anno 1678. vitæ primo.* Comptant cette année pour la premiere de ma vie, pour les cauſes rapportées dans l'Epître dedicatoire au Roy.
I. F. M. A. M. I. I. A. S. O. N. D. A. D. D. o G. o B. E. G. o C. F. A. D. o F. D. O. M. R. S. P. Q. R. I. J. N. R. J. J. L. R. I. ſont expliquées dans le traité du Baſton univerſel, & au commencement de la Demonſtration de l'élevation de l'eau.

Il y a auſſi un Nom de Jeſus au milieu du Cadran Equinoxial, avec cette deviſe, *In hoc victoria ſigno* : & on y pourra mettre une échelle altimettre, & ceux qui voudront avoir ce Livre pourront faire mettre leurs Armes dans un écusson qui y est preparé.

Au lieu des Armes du Roy, de Monseigneur le Dauphin, de Messieurs de Roquelaure & de Beauvais, j'ay mis un Soleil avec des Fleurs de Lys en Croix, & autour, *Lilia sole virescunt*. Un Dauphin élevé & une branche de Laurier, *Victrices surgit in auras*. Une Roche ou roch couvert de Lauriers, *Laurea Rupes* : & un oeil, *Nil visu pulcrius*, faisant allusion aux noms de Messieurs de Roquelaure & de Beauvais.

Au bas j'ay mis un Soleil dans un Croissant fermé d'une étoille, dans un cercle & un quarré, & autour, *Totum impleat orbem*, qui sont des choses qui me regardent & mes inventions; car ayant fait quelque chose pour les autres, je fait celles-là pour moy : ayant nom le Royer, i'ay fait une Roüe, Dieu vueille que ce soit celle de ma fortune, le Soleil en estant le milieu, les rayons en sont les rais, le croissant, & l'étoille, les iantes & les cloux, & le cercle, le quarré & la devise, marquent qu'elle pourra aller dans les pleines & dans les montagnes, & par tout le monde. Cela marque aussi mes connoissances & nouvelles sciences, cette Roüe marquant le mouvement perpetuel que j'ay trouvé, & dont la demonstration est dans ce Livre, & que je tire les causes du flux de la Mer, des Vents, & des-fiévres des influences du Soleil, refléchies par la Lune & les Aſtres , & que j'ay traité de leurs influences, & ay promis la quadrature du çercle & la meſure de la Digonale par le coſté du quarré, dont j'eſpere faire la demonſtration en bref ; Et enfin la Deviſe marque que je ſouhaite que mes Sciences, & principalement celle de ce Mouvement perpetuel, rempliſſe tout le monde d'utilité & de profit. Et d'autant que je ne compoſois que comme la Preſſe alloit ſans repeter, ce que j'ay dit ſur la fin du Chapitre de l'inclination des Arbres, meſme que je corrigeois les épreuves de l'impreſſion, i'y ay laiſſé quantité de fautes, ſoit dans des mots obmis, & d autres changez en tout, ou partie, & autres fautes qu'il faudra corriger en liſant & obſervant le ſens, en attendant une impreſſion plus exacte, dont je renonce d'entreprendre la correction, ayant obſervé à mes dépens, qu'un Autheur n'eſt pas propre à corriger les Ouvrages qu'il fait imprimer.

Cependant je diray que je n'ay pas toûjours ſuivy le commun uſage de parler & d'écrire, ayant mis en quelques endroits, par exemple en la page 310. ligne 2. Si quelqu'un voit jouër à à la paulme deux perſonnes qu'il n'a point veu du precedent, au lieu de veuës, & ſi j'en eſtois creu on en uſeroit toûjours ainſi, & on diroit les experiences que j'ay fait, ou qu il a fait, & autres choſes ſemblables, au lieu de faites n'eſtimãt que l'usage doive prevaloir à la raison, le Latin d'où nostre Langue est derivée, ne parlant pas ainsi que cét usage, & j'ay peine à me resoudre de mettre un plurier & un feminin, en parlant de moy, ou d'un seul, qui est masculin; mesme qu'il seroit à souhaiter que les noms dont la terminaison est masculine, fussent masculins, & que les autres dont elle est feminine fussent feminins; & bien que l'usage vueille établir le contraire, je ne l'ay pourtant pas aussi toûjours suivy, ou du moins voulu suivre: car l'Imprimeur en a usé quelquefois comme il a voulu, & si on m'en vouloit croire, on en useroit le plus qu'on pourroit de la façon que je propose: car pourquoy mettre quelquefois masculins, Comette, Planette, ordre, arbre, & autres noms de pareille terminaison feminine, on en fera pourtant comme on voudra, n'estant que des questions du nom, qui ne decident pas le principal, que j'ay traité le plus clairement qu'il m'a esté possible, & ay rapporté des comparaisons familieres, bien qu'il s'agist de choses tres obscures & difficiles à comprendre & à exprimer, priant ceux qui liront ces Traitez, de ne s'attacher pas à l'écorce & à l'apparence, pour quitter la realité & la force des raisons, & les preuues establies par experience: c'est pourquoy ie mets pour deuise au commencement de ce liure vne regle & vn compas, & au tour *Ratione duce experientia comite*, ce qui se peut lire & entendre auſſi *duce experientia comite Ratione* , ny ayant ny point , ny virgule.

Et bien qu'il ſemble par l'Epiſtre Dedicatoire de mes œuures au Roy, que ie renonce à faire aucunes Propoſitions, neantmoins ie ne puis m'empeſcher de parler encor de celle que ie mis en Latin dans le proiet des Ouurages, que ie fis imprimer en 1665. & que ie promettois de donner au public de temps en temps comme dans vne Academie de nouuelles Inuentions, que ie ſoûhaitois eſtre eſtablie : & deffet ſi elle l'eſtoit, elle produiroit pluſieurs bons effets,&qui ne ſeroient pas moins aduantageux que ceux qui naiſſent des autres Academies qui ſont à Paris : car les curieux & ingenieux ſous eſpoir de l'honneur & des prix qui ſeroient propoſez, donneroient leurs ſecrets, & meſme de bons remedes qu'ils ſuppriment ſouuent & retiennent pour eux, & les laiſſent malheureuſement perir, ſans les diuulger, & bien qu'elle ne ſoit pas encor eſtablie, ie ſuiuray neantmoins l'exemple de quelques peuples, leſquels auoient dreſſé vn Autel, & faiſoient des Sacrifices à vn Dieu qu'ils ne connoiſſoient pas *Ignoto Deo* , en propoſant tous les ſecrets & ſciences nouuelles qui ſont dans & ſur ce Liure, en attendant d'autres dont ie n'ay pas encor fait la demonſtration, que i'eſpere en faire lors qu'elle ſera ouuerte.

Fautes d'Impression.

PAge 24. ligne 28. ſept à huict, liſez, cinq. p. 29. l. 13. gobedoc, liſ. gobegoc, p. 30. l. 2. camahée, liſez, gamahé. p. 71. l. 19. troye, liſ. trois, p. 79. l. 6. Saturne de Mars, liſez Saturne & de Mars, p. 90. l. 12. flacon, liſ. flocon, p. 97 l. 14. liſez, vers l'Orient, & couchant vers l'Occident, p. 104. tranſpoſez, d'autrefois de la. 1. l. apres le Soleil de la 2. p. 139. l. 18. beau, liſez, bon, p. 147. l. 31. Mars, liſ. Saturne, p. 193. l. 7. vendre, liſ. rendre, p. 194. l. 20. repeté, liſ. reputé, p. 209. l. 19. Aſtres, liſ. Eſtres, 226. l. 25. pouſſée, liſ. pouſſe, p. 248. l. 13. poles, liſ. pores, & l. 16. qu'il les auoit, liſez, qu'elles les auoient, p. 277. l. 2. vns, liſ. vnes, p. 285. l. 21. deliées, liſ. liées, p. 286. l. 2. vnes, liſ. vns, p. 294. lig. 13. l'empeſchant, liſ. l'empeſchent, p. 312. l. 16. poudre, ou de la, liſ. poudre de, p. 327. l. 14. elles les refroidiſſent, liſ. les refroidit, & l. 16. il les refroidit, liſ. elle les échauffe, p. 340. l. 28. chaudes, liſ. humides, p. 358. l. 10. terre, liſ. air, l. 15. morceaux, liſ. baguettes, & l. 19. de l'vn, liſ. de l'vne, p. 360. l. 19. cette aiguille, liſez, l'aiguille.

EXTRAICT DV PRIVILEGE DV ROY.

PAr Grace & Privilege du Roy, donné à Paris le 17. Février 1678. Signé DALENCE', & ſcellé du grand ſceau de cire jaune; Il eſt permis a Me. JACQUES LE ROYER, Aduocat, de faire imprimer, vendre & debiter, vn Livre de Phyſique, intitulé *Traité des Influences, &c.* en tel Volume & caractere, que bon luy ſemblera, & ce durant le temps & eſpace de *ſix années*, avec deffences à tous Libraires & autres, de le contrefaire, à peine de trois mille livres d'amende, & de tous dépends, dommages & intereſts, ainſi qu'il eſt plus au long declaré eſdites Lettres de Privilege.

Regiſtré ſur le Liure de la Communauté des Marchands Libraires & Imprimeurs de Paris, le 21. Féurier 1678. ſuiuant l'Arreſt de la Cour de Parlement du 8. Auril 1653. & celuy du Conſeil Priué du Roy du 27. Féurier 1665. lequel Priuilege nous auons enregiſtré à la charge d'eſtre imprimé & vendu par vn Libraire ou Imprimeur.

Signé COUTEROT, Sindic.

Les Exemplaires ont eſté fournis.

Ledit Sr. ROYER *a cedé ſon droit de Priuilege à* R. J. B. DE LA CAILLE, *ſuiuant l'accord fait entr'eux, le 21. Féurier 1678.*

LE BASTON VNIVERSEL
PRESENTE'
A MONSEIGNEVR LE DVC
DE ROQVELAVRE
COMMANDANT POVR LE ROY,
en ſa Province de Normandie.

Omne tulit punctum qui miſcuit vtile dulci.

MONSEIGNEVR,

Lors que ſur la fin de l'année mil ſix cens ſoixante-cinq, Monſeigneur le Duc de Montauzier Gouverneur de cette Province, pour noſtre Auguſte & Victorieux Monarque, fit ſon entrée dans la Ville d'Avranches, ie pris occaſion de luy offrir en françois, la demonſtration du Mouvement Perpetuel Hydraulique, en l'élevation de l'eau d'elle mesme, que i'avois fait imprimer en latin au commencement de cette année-là, me persuadant qu'il seroit son Protecteur, ainsi que de plusieurs autres secrets, que i'ay, graces à Dieu, decouverts, comme ayant pris naissance dans une Province, dont il estoit l'Ange Tutelaire & le plus solide appuy ; mais ie fus deceu de mes esperances, à cause peutestre qu'il creut, ainsi qu'ont fait quelques autres des plus grands Genies de ce Royaume, que mes secrets surpassoient les forces de la nature, s'estant contenté de dire par deux fois, que si ie faisois ce que ie disois, le Roy me seroit fort obligé, à quoy ie repartis,

Quoy qu'on face d'illustre & de considérable, dãs le Cid.
Iamais à son sujet, un Roy n'est redeuable.

Ce qui fut cause que ie les ay abandonnez fort longtemps, & les aurois peutestre entierement supprimez, & laissé croupir dans l'oubly, ou retourner dans le neant, d'où ils n'estoient presque pas sortis ; sans, qu'ayant appris que vous deviez venir au mois de Iuin dernier dans cette Ville-là, ie vous consideré comme un autre Mœcenas, qui estoit le Protecteur des Muses, des Sciences & des Arts sous le Regne de l'Empereur Auguste, ie fis dessein de vous presenter quelque chose d'Illustre ; neantmoins craignant qu'il n'eust encore le mesme effect, ie changé ce dessein-là, dans celuy de vous entretenir de quelque chose triviale, & de vous offrir un simple Baston ; quoy, me direz-vous, ou quelque autre, faire present d'un Baston, à un Duc, & qui est Gouverneur, & represente la Personne de nostre Auguste Monarque, dans une de ses plus belles Provinces, & laquelle est dans cette guerre, qu'il a presentement contre les

Hollandois & ſes autres Ennemis, la plus exposée à leurs incurſions? Hé bien, ſoit, ce Baſton pourra ſervir à les en expulſer, s'ils eſtoient aſſez temeraires d'y entrer : J'advoüe pourtant, que ce n'eſt pas un preſent digne de voſtre Grandeur, ce n'eſt pas un Sceptre, ny un Baſton de Mareſchal de France : c'eſt à Dieu de donner le premier à ceux qu'il eſtablit ſes Lieutenans en terre, & à ceux-là, à donner le ſecond à de Grands Heros comme Vous, & vos Illuſtres Ayeuls, qui s'en ſont rendus dignes par leurs beaux exploits, & leurs actions genereuſes; mais enfin, Monſeigneur, ie vous offre ce Baſton tel qu'il eſt, & comme vous n'avez pas voulu honorer de voſtre preſence, la Ville d'Avranches, ie vous envoye au commencement de cette année 1675. ce petit ouvrage, comme des eſtrenes & des marques de ma reconnoiſſance : Et quoy que ce Baſton ne renferme pas les plus belles de mes inventions, neantmoins ie l'ay choiſi, pour eſtre leur appuy, & pour les ſouſtenir aupres de voſtre Grandeur, & de ſon Auguſte Majeſté, & de Monſeigneur le Dauphin, auquel ie vous prie de preſenter de ma part un traité, que i'ay fait de l'Art des Arts & des Sciences, ou des nouvelles inventions, que i'ay pris la liberté de luy dedier, comme y ayant des ſecrets, qui ſont propres pour ſes plus tendres années.

Vous ſçavez M. que de grands Perſonnages, & qui ont ſouſtenu le poids de la Republique Romaine, qui panchoit, & ſuccomboit preſque ſous l'effort des armes d'Annibal & de Cartage, n'ont pas dedaigné le nom de Scipion, qui ſignifie un Baſton; & que ces petits baſtons, dont l'on ſe ſert à preſent, ſont à la mode, & ſervent meſme d'ornement à des Perſonnes Illuſtres, depuis que pluſieurs ont quitté l'uſage des manteaux,

& qu'on a introduit en France celuy des justaucorps; mais comme ils ne servoient que de parade, & pour faire la contenance, i'y ay joint les plus beaux instrumens des Mathematiques, ou belles Sciences, afin que ceux qui s'en voudront servir pour s'appuyer, ou d'ornement, y puissent trouver de quoy entretenir leurs esprits, de choses curieuses, agreables & utiles.

Ce Baston donc, que ie propose, ayant une bequille, à un des bouts de laquelle, il y aura un plomb, qu'on verra par une petite fenestre de corne transparente, au moyen duquel on le plantera, ou bien on le soûtiendra droit par un fil ou ruban, ou enfin on le mettra paralelle à l'horizon, pour s'en servir à differents usages, dont sera parlé cy-apres; On décrira au tour de ce Baston, un Cadran cylindre vertigal, qui sera aussi juste & aussi certain qu'aucun autre que nous ayons, & qui marquera nonseulement les heures, mais aussi les mois, en traçant le long de ce Baston, les six signes du Zodiaque, où les iours croissent ♑ ♒ ♓ ♈ ♉ ♊ qui serviront aussi pour les six autres où les iours decroissent, lesquels y seront pareillement marquez en retrogradant ♋ sous ♊, & les autres de suite ♌ ♍ ♎ ♏ ♐, il sera bien à propos de diviser en deux, les espaces de chacun signe, par des lignes composées de petits points, & chaque moitié encor en deux, par de petits traits ou tirets.

On fera servir la bequille de style, ou d'aiguille, la tournant à proportion, que le Soleil ira dans le Ciel en chaque signe, en sorte que, s'il est au commencement, au quart, au milieu, ou aux trois quarts, ou sur la fin d'un signe, on y mettra un des bouts de cette bequille, pour la faire répondre directement à l'endroit où sera le Soleil en ce temps-là.

Il faudra marquer des lignes courbes au tour du Baston, pour connoistre les heures sous l'élevation du Pole, où l'on voudra s'en servir, quoy qu'on s'en puisse servir pour le plus proche degré, ou celuy qui en sera un peu plus esloigné, car la distance d'un degré plus ou moins, n'est pas beaucoup considerable; mais si on s'approchoit du Pole, ou qu'on s'en reculast plus d'un degré, ou deux, ce Cadran, comme il se rencontre dans les autres, ne seroit pas bien juste.

Ce Baston se pourra servir de plomb à soy-mesme, pour ainsi dire, le suspendant par un fil ou un petit ruban, dans le centre de sa pesanteur.

On poura aussi decrire un Cadran horisontal sur ce mesme Baston, de la façon cy-dessus expliquée, soit dans le mesme endroit où sera le vertigal, ou plus bas, en sorte que la bequille servira pareillement d'aiguille, soit qu'elle demeure en son lieu, ou qu'on la face couler le long de ce Baston, & le plomb servira pour placer ce Baston paralelle à l'horizon.

On pourra aussi faire un semblable Cadran horizontal sur cette bequille (s'il n'y a point de pomme, ou si elle n'est pas élevée au dessus) marquant au tour d'icelle les signes & les heures; & si elle ne tourne point dans ce Baston en son centre, mais seulement horisontalement au tour du Baston, on pourra decrire des lignes au tour de la bequille, par le moyen de petits points, & y mettre à un des bouts une aiguille qu'on élevera, quand on voudra s'en servir, afin de voir où tombera le bout de l'ombre sur la ligne ponctuée, & quelle ligne des heures cette ligne coupera dans le signe, où le Soleil sera pour lors, & par ce moyen on connoistra l'heure qu'il est, au temps de l'operation; ainsi on aura deux sortes de

Cadrans, l'un vertical & l'autre horizontal, qui marqueront une mesme heure, dans un mesme temps, si le Baston est planté bien droit, ce qu'on pourra ainsi reconnoistre sans se servir du plomb, car cela n'arriveroit pas, si le Baston panchoit d'un costé.

On pourra faire de ces deux sortes de Cadrans portatifs, soit sur une écritoire ou autre chose, & mesme les reduire dans un plan, y décrivant trois signes d'un costé, & trois de l'autre, où les iours croissent, qui serviront aussi pour ceux où ils decroissent, & lequel plan on pourra ployer par la moitié, pour le rendre plus petit, & plus facile à porter, & faire l'aiguille fort petite, laquelle on promenera au travers de ce plan, tant d'un costé que de l'autre, & dans un mesme plan ou cylindre, on pourra y mettre ces deux sortes de cadrans-là, l'un ayant l'aiguille à un bout, pour servir au vertical, & l'autre à l'autre pour l'horizontal, marquant les heures de deux façons, les unes par des lignes, & les autres par des points, pour éviter la confusion, quoy qu'elle ne seroit pas grande, quand les heures de l'un & de l'autre, seroient tracées de la mesme façon.

On connoistra aisement par ces sortes de Cadrans, si l'on en doute, s'il est avant ou apres midy, en ce que l'ombre croistra, s'il est avant midy, & decroistra s'il est apres, dans le Cadran vertical : & il arrivera du contraire dans l'horizontal.

Je ne vous decriray point, Monseigneur, la maniere de faire ces sortes de Cadrans, ny plusieurs des autres choses, dont ie parleray cy-apres, supposant que vous les sçavez, cela estant trop long pour ce traité, ou pour un petit Baston, ou autrement ie vous l'apprendray bien viste, si vous l'avez pour agreable,

Si on veut mettre une pomme à ce Baston, & y placer dedans une bouſſole ou aiguille aymantée pour marquer le pole, & ayant décrit ſur cette pomme les ſignes du Zodiaque ſur la ligne écliptique, ſous l'élevation du pole où l'on ſera, diviſez les vns des autres, & chaque ſigne en deux, & y décrire les vingquatre heures du iour, comme on a de couſtume de faire dans de pareils globes, par ce moyen on verra quelle heure il ſera, quand elle ſera exposée au ſoleil, par le moyen de ſa lumiere, qui regardera cette pomme, au point de la ligne ecliptique, où ſe rencontrera l'extremité de l'ombre, y ayant touſiours la moitié de ce globe, ou de cette pomme qui eſt éclairée, & l'autre moitié ne l'eſt pas, eſtant dans l'ombre, & ſi on veut décrire ſur cette pomme le globe terreſtre, on verra quelles parties de la terre ſont éclairées du ſoleil, & quelles ne le ſont pas, quelle heure il ſera chez nos Antipodes, & en quel lieu du monde le ſoleil ſe levera, en quel païs il ſe couchera, & en quels endroits il ſera midy & minuit.

On pourra auſſi marquer ſur ce globe les cercles de la ſphere, les douze maiſons du Ciel, & les principales eſtoilles, comme elles ſont décrites dans les Aſtrolabes, pour s'en ſervir, ſoit à tirer des horoſcopes, & à dreſſer des nativitez, ou autres belles & bonnes choſes, & faire de pareils globes qu'on portera dans ſa pochette, qui pourront ſervir pour les choſes cy-deſſus décrites, & autres de pareille nature: ce Globe, Pomme ou Boule pourra ſervir de Cadran univerſel, & en tous les endroits de la terre ou de la mer, l'expoſant & l'appliquant, en telle ſorte, que le pole ſoit élevé autant de degrez que celuy du Ciel; & ſous l'equateur il faudra mettre les poles paralelles à l'horizon.

On pourra auſſi aiſement ſçavoir l'élevation du Soleil & de la Lune ſur l'horizon, ſi on fait cette petite machine, que i'ay inventée ; à ſçavoir, un petit ſtyle élevé à angles droits, ſur un petit pied qui ſoit concave, & qui s'applique iuſtement ſur la convexité du globe, & l'expoſer au ſoleil, ou à la lune, iuſqu'à ce que ce ſtyle ne face point d'ombre, & voir en ce temps-là, combien il eſt élevé de degrez ſur l'horiſon, & le ſoleil ou la lune le ſeront pour lors autant.

On fera une èquerre ſur ce globe, ou pomme de ce Baſton, pour ſervir à l'Arpentage & Geometrie, & pour prendre la diſtance des lieux, meſme inacceſſibles, & on y marquera les noms des principaux vents Eſt, Oüeſt, Sud & Nord, & tous les autres rombs, ſi faire ſe peut.

On pourra auſſi faire ſervir ce Baſton, preparé, comme nous avons dit, de niveau pour conduire des eaux, & pour prendre le plan de quelque terrain, & pour ſçavoir combien il ſera plus élevé dans un endroit, qu'en l'autre.

A propos de la bouſſole ou aiguille aymantée dont ie viens de parler, ie diray qu'on en pourroit encore faire une choſe plus belle, qu'elle n'eſt pas (quoy qu'elle ſoit une des plus belles & plus utiles inventions que nous ayons) ſi on pouvoit la fixer, & en empeſcher la variation, eſtant conſtant, que l'aymant, & les aiguilles qui en ſont touchées, ne marquent pas par tout preciſement le pole, & qu'elles s'en écartent, ou declinent de pluſieurs degrez, & plus en de certains lieux, qu'en d'autres, iuſques à dix ou quinze degrez, & meſme davantage, & pour faire connoiſtre les utilitez que cauſent ces aiguilles, on peut voir ce que du Bartas, Prince de nos Poëtes François, en dit dans le troile troiſiéme iour de la ſemaine,

Baccus auec ſes vins, Ceres auec ſes grains,
D'vn lien tant eſtroit, n'obligea les Humains,
Que Flaue Melphitain, lors qu'heureuſement ſage,
Premier il mit au iour, de l'Aiguille l'vſage;
Sa belle invention eſt celle, qui de nuit,
Sur les flottans ſeillons, nos Caraques conduit, &c.

Et bien qu'abſolument parlant, nous n'ayons point de Cadrans univerſels parfaits, neantmoins i'ay medité d'en faire un, qui ſera Vniverſel, voicy comme ie voudrois m'y prendre, me ſervant premierement d'une bouſſole commune, pour marquer le pole; en ſecond lieu, il faut faire une aiguille d'acier, touchée d'aymant, comme il eſt requis, laquelle eſtant portée ſur un eſſieu, ou deux pivots, s'inclinera d'un bout vers le pole de la terre, le plus proche du lieu où l'on ſera, ſuppoſez icy le Septentrion, & de l'autre bout, elle s'élevera d'autant de degrez, que le pole du Ciel ſera élevé ſur l'horizon; eſtant certain, & on l'a découvert dans le ſiecle où nous ſommes, que l'aymant, & les aiguilles qui en ſont touchées, s'inclinent, & ſe tournent, non pas vers le pole du Ciel, comme nos Predeceſſeurs l'ont dit, & creu, mais bien vers le pole de la terre; ce qui a fait dire à nos Autheurs les plus recens, que le globe terreſtre, eſt un grand aymant, ou corps magnetique, & que l'aymant eſt une petite terre, & ont fait voir par experience, qu'une pierre d'aymant, eſtant plantée ſur un de ſes poles, & miſe à flotter ſur l'eau, par le moyen d'un vaſe qui nage, elle ſe place touſiours d'une meſme façon, & nous monſtre directement les quatre parties du monde, ſçavoir, l'Orient, le Midy, l'Occident, & le Septentrion.

Cela preſuppoſé, où il n'y a encore rien du mien,

ces choses-là ayant esté observées, & decrites par nos Autheurs, qui ont recemment traité de cette matiere, sçavoir, entr'autres, les RR. PP. Kircher, & Grandamy, apres Guillaume Gilbert, qui a trouvé, & fait preuve, que l'aymant & les aiguilles s'inclinoient vers les poles de la terre : pour achever ce Cadran vniversel, ie voudrois mettre sur l'essieu de cette seconde aiguille, un globe parfaitement rond, tel que nous l'avons cy-devant décrit, & y marquer les 24. heures sur la ligne du Zodiaque, & afin qu'il puisse tousiours répondre à toutes les parties du Ciel, quand on changera de degré ; sçavoir, les deux poles aux deux poles, les cercles polaires, les tropiques & l'equateur aux mesmes cercles du Ciel, comme ils sont décrits dans la sphere, il faudra faire, que ce globe artificiel, remuë d'un mouvement contraire à celuy de l'aiguille, ce qu'on fera, en attachant à ce globe (qui ne tiendra point à l'essieu, mais seulement il tournera librement au tour) une petite rouë, qui aura par exemple douze dents, auquel essieu on attachera une autre rouë, qui aura un pareil nombre de dents, laquelle fera tourner une autre petite troisiéme rouë horizontale, qui y sera apposée dessus ou dessous, qui aura six dents, plus ou moins, il n'importe, & laquelle répondant à la roüe qui tient au globe, le fera tourner d'un mouvement contraire à celuy de l'essieu, ou de l'aiguille, ainsi, quand elle s'inclinera, ou s'élevera d'un ou de plusieurs degrez, s'approchant, ou se reculant du pole, le globe se tournera d'une façon contraire, d'autant de degrez, & demeurera ainsi tousiours dans une mesme situation, c'est à dire, que le globe montrera par tout au iuste l'élevation du pole, quand on feroit le tour du monde, auquel cas, & qu'on passast la ligne Equinoxiale, s'il est vray ce qu'on dit, que l'aiguille ſe tourne, en ſorte que le meſme bout qui regardoit icy le pole artique, ou le Septentrion, ſe tourne vers le pole Antartique, afin que ce Cadran y peuſt ſervir, il faudra marquer ſur ce globe vn autre Zodiaque, ou ligne eccliptique, qui coupera le premier aux points des Equinoxes, & y marquer auſſi les vingt & quatre heures, pour s'en ſervir dans ces païs-là, mais il faut que toute cette machine ſoit artiſtement faite, & pour la reduire en un plus parfait eſtat, & moins embaraſſant, & dont l'artifice ſeroit encor plus beau, ie voudrois la faire ainſi.

Il faut faire un petit pivot de cuivre, *a*, planté ſur ſon pied b, & une petite cloche c, ſemblable à celle d'une bouſſole commune, ſur laquelle il y aura un demy cercle d. d. f. f. & faire une aiguille d'acier e, de quatre pouces, plus ou moins, ainſi qu'on voudra, à un des bouts de laquelle il y aura une Fleur de Lys, comme on a de couſtume de mettre aux bouſſoles, laquelle ſera ſouſtenuë ſur un eſſieu f, e, f, & faire un globe un peu plus grand que l'aiguille g, h, i, K, qui tournera librement ſur l'eſſieu, ſans y eſtre attaché, & attacher à l'eſſieu une rouë l, qui aura douze dents, qui répondra à la rouë m, qui aura quatre ou cinq dents, qui ſera ſouſtenuë par un eſſieu courbé o, lequel ſera attaché au demy cercle f, au point o, & cette petite rouë m, répondra à une autre rouë n, attachée au globe par dedans, & au tour d'iceluy, qui aura douze dents; ainſi quand l'aiguille remuëra, d'un ou pluſieurs degrez, elle fera tourner ſon eſſieu, & par conſequent la rouë l, laquelle y eſt attachée, & laquelle fera tourner la petite rouë m, d'un mouvement contraire, qui fera tourner la rouë n, attachée au globe, d'un pareil mouvement au ſien, lequel ſera contraire à celuy de l'eſſieu, ou de la rouë l ; ces rouës & leurs essieus, ainsi que le demy cercle, seront de cuivre, ou d'autre metail, & le globe sera de carte, ou de quelqu'autre matiere fort legere, on décrira sur ce globe les deux poles p, q, les cercles polaires r, s, les tropiques t, u, & l'equateur, qu'on pourra feindre estre marqué en cette figure par l'essieu f, e, f, & la ligne equinoxiale x, avec les six signes ♈ ♉ ♊ ♋ ♌ ♍, divisez par des lignes, & separez par la moitié par des lignes ponctuées, qui serviront pour marquer 12. heures, supposant que les six autres signes, & 12 autres heures seront aussi marquées de l'autre costé du globe, sans les dépeindre, ou marquer sur cette figure, pour éviter la confusion.

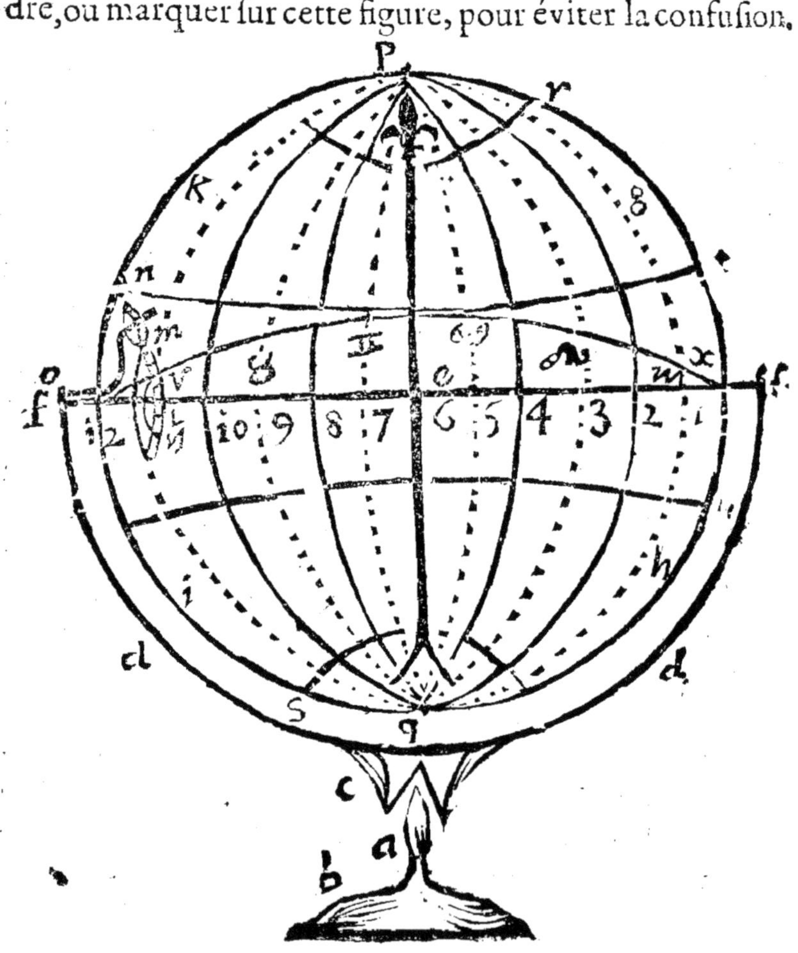

Et bien que ie n'aye pas fait l'experience de cette machine, ie crois neantmoins, qu'on la pourra bien faire, & qu'une bonne aiguille, faira bien remuer ce petit globe, & si cela se peut faire, & qu'on y puisse mettre un horizon aux points f, f, on aura un beau Cadran universel, qui servira par tout le monde, sans y toucher : si l'on excepte la ligne equinoxiale, où les aiguilles aymantées sont folles, ainsi qu'on dit, c'est à dire, incertaines, ne faisant que vaciller, se tournant de costé & d'autre; & pour se servir de ce Cadran, par delà la ligne equinoxiale, il faudra y mettre sur ce globe un autre Zodiaque, (avec ses signes, & les 24. heures,) qui coupera le premier aux equinoxes, comme nous avons dit cy-devant.

Et quoy qu'il semble, qu'on ne puisse pas mettre de pareilles machines dans nostre Baston, ie ne desespere pourtant pas, qu'on ne le puisse faire, si on les peut reduire à un plus petit volume, les enfermant dans des pommes, ou boules, qui seront transparantes, soit de corne, ou cristal, ou bien on les ouvrira par la moitié, l'extremité de laquelle, servira d'horizon.

On pourra mettre dans ce petit globe, dont nous venons de parler, deux petits poles, un peu élevez, & prolongez, lesquels répondront aux poles du Ciel, & décrire les vingt & quatre heures égales, afin d'avoir un Cadran, qu'on appelle polaire, le pole de dessus servant pour voir, & marquer les heures, quand le soleil est dans les six signes Septentrionnaux, & celuy de dessous, quand il est dans les six autres, qu'on appelle Meridionnaux.

Si on ne veut pas se servir de ces globes entiers, & les appliquer dans ces sortes de Bastons, on en pourra retrancher les bouts depuis les tropiques, & se servir du reste, pour en faire un Cadran, au tour, & sur le Zodiaque, aussi iuste que si le globe estoit entier, & faire encor un Cadran polaire, & si cette ne pouvoit pas faire tourner ce globe, on se contentera d'vn zodiaque, avec les 24. heures & les petites roues.

L'Autheur des Estats & Empires du monde, rapporte que Pierres Peregrin dit, qu'vne pierre d'aymant soustenuë en équilibre sur ses poles, tourne tous les iours vn tour, ce qui luy semble donner quelque atteinte à son opinion, qu'il establit avant, de l'immobilité de la Terre, contre Copernic & ceux de sa suite, qui pretendent, qu'elle tourne au tour du Soleil, qu'ils supposent estre immobile dans le centre du Monde, quoy qu'il n'en tire pas les consequences, ou inductions; neantmoins quand cette experience seroit veritable, ce que i'ay peine à croire, ne l'ayant point veuë, ie ne crois pas, que l'opinion de Copernic en fust plus forte, ny mieux appuyée, se voyant de pareils mouvemens dans d'autres choses, & specialement dans l'Eliotrope, ou Girosole qui suit le cours du Soleil; & on dit qu'il en croît dans le fleuve Inde, qui a donné le nom à ce païs là, qui fait vn plus grand tour que celuy que nous avons, levant sa teste (ou il porte le bouton, & ensuite la fleur quand elle est épanouye) hors de l'eau, & s'éleve au dessus de ce fleuve peu à peu, iusques à midy, puis il la baisse, & l'incline iusques au Soleil couchant qu'il la plonge dans l'eau, & au iour suivant, il la releve à Soleil levant; Ainsi on peut dire, que, bien que la terrre soit immobile, l'Eliotrope suit le cours du Soleil, & que l'aymant (s'il est vray ce qu'en dit cêt Autheur) se tourne & suit le cours du Ciel, soit du Soleil ou de quelque autre astre, & à mon avis ce seroit celuy de Mars, car (comme i'espere prouver ailleurs par de belles experiences que j'ay faites, à joindre à ce qu'en disent nos autheurs, qui ont parlé de la vertu magnetique,) cette pierre d'Aymant est produite dans le sein de la terre, & gouverneé, ou commandée par ce Planette, aussi bien que le fer, l'aymant, comme nous avons dit, estant vn fer épuré, & le fer vn aymant imparfait.

Si donc l'experience de cét Autheur est vraye, on pourroit faire sur vne pierre d'aymant taillée & preparée en globe, vn Cadran, par le moyen duquel on verroit, non seulement en quel lieu du Ciel seroit Mars, (s'il suivoit son cours) mais aussi sçachant le lieu du Soleil dans le Zodiaque, & combien il seroit éloigné de Mars, on pourroit sçavoir l'heure qu'il seroit, tant de iour que de nuit, en quelque lieu qu'on fust, sans autre machine & sans voir le Soleil, ny la Lune ou les étoilles ayant décrit les 24. heures sur cette pierre respondant au cours de Mars, & vne ligne Ecliptique avec les 12. signes, & vn petit cercle mobile, qui porteroit le Soleil & les 24. heures, afin qu'on peut mettre le Soleil dans le degré du signe, ou il seroit au Ciel en ce temps-là, & par ce moyen on verroit l'heure qu'il seroit, au temps de l'operatiõ, pour peu qu'on voulût s'y appliquer, sans que ie sois obligé d'en dire davantage, on pourroit aussi mettre cette pierre d'Aymant ainsi preparée dans la pomme de nostre Baston, & faire ensorte que cette pomme fust transparente, ou qu'on l'ouvrist quand on voudroit.

Ie ne decrits cette machine qu'à regret, à cause que ie ne crois pas, que ce tour de la pierre d'Aymant soit veritable, comme ie l'ay dit d'abord, quoy que ie le souhaitaisse, à cause de sa beauté, & de l'utilité, qu'on en recevroit par le moyen de ce cadran qu'on en pourroit faire qui seroit vniversel, car ie presume qu'il serviroit mesme sous la ligne Equinoxiale aussi bien quailleurs, si cette pierre suivoit le cours de Mars, ou de quelque autre Planette, ou celuy des Cieux ; i'ayme mieux parler d'vne experience que iay commencée, & que ie pourray achever, & y mettre la derniere main, & dont i'entretins feu Monseigneur Seguier Chancelier de France, il y à douze ou treize ans, par le moyen de la quelle on pourra sçavoir qu'elle heure il sera, en quelque lieu qu'on puisse estre, de iour ou de nuit, sans voir le Soleil, la Lune ou les Estoilles, & sans se servir de Monstres ou d'Horloges, & laquelle suivra le cours du Soleil, de la mesme façon que fait l'Eliotrope dont ie viens de parler, & bien que ie ne la décrive pas, & que ie la propose comme vne Enigme, à cause qu'elle n'est pas achevée, vous pouvez neantmoins, M. aisement coniecturer de quelle matiere elle poura estre faite, & ie vous diray comme par avance, qu'on la pourra mettre dans ce Baston.

Et pour rendre encor ce Baston plus beau & plus vtile, on mettra à vn des bouts de la Bequille vn siflet, flutte, ou flajolet, & à l'autre bout, vn petit miroir ardent concave, pour allumer du feu, par le moyen de la lumiere du soleil, & lequel pourra aussi servir d'un style de Cadran, pour ainsi dire, (ce qui est de mon invention, n'en ayant point veu, ny oüy parler de semblable.) en reflechissant la lumiere du soleil vers un lieu, où les heures seront marquées, ainsi que les arcs des signes, par de petites allées, lesquelles y seront tracées, ou faites de menuës plantes, comme de buys, de buys, de tin, de marjoleine, ou autres semblables, en mettant le Baston dans les lieux, qu'il le faudra mettre, comme nous avons dit, en parlant des Cadrans décrits sur des plans, ainsi on verra quelle heure il est, en ce temps-là.

Sur ce principe, i'entens d'un miroir ardent concave, on pourra faire un Cadran, par le moyen duquel, on verra, mesme d'une chambre, ou de quelqu'autre endroit d'une maison, quelle heure il sera, exposant au Soleil, contre la muraille, un miroir, soit commun, ou concave, & ayant tracé des lignes, ou allées dans la cour, ou dans un parterre, comme nous avons dit, pour marquer les heures & les arcs des iours, on aura un Cadran horizontal, transposé, c'est à dire, que les lignes en seront décrites, d'une façon contraire à celles des Cadrans horizontaux, que nous avons, comme il est aisé de voir; & pour faire connoistre l'usage de ce miroir, on pourra mettre au tour,

Solis vbi recidit lumen, dignoscitur hora.

Que si on ne voyoit pas aisément la lumiere, que ce miroir reflechît, à cause qu'elle seroit offusquée par celle du soleil, il faudra remuer, ou faire bransler ce miroir, pour la reconnoistre mieux.

Ce n'est pas assez d'avoir ces Cadrans au dehors, il en faut avoir dans les maisons, à sçavoir, sur le pavé, ou plancher d'une salle, d'une chambre, ou d'un cabinet, & contre les murailles d'alentour, & mesme au plancher de haut, lambris, ou pla-fond.

Et pour cét effet, à l'égard du premier, il faut noircir, ou obscurcir de quelque matiere, une des lozanges d'une vitre d'une fenestre, la plus exposée vers le midy, à la reserue du milieu, de la grandeur d'vn bout de doigt, qui sera blanc, par ou la lumiere du Soleil passant nous monstrera les heures, & mesme les demies, si on veut, qui seront marquées, comme il est requis, sur le pavé, qui est un Cadran desia trouvé, & mesme décrit en quelques livres; & pour faire les quatre autres, on pourra mettre quatre miroirs, tels que nous avons dit, à cette fenestre, l'un plan, ou paralelle à l'horizon, qui renvoyra la lumiere vers le plancher de haut, deux autres miroirs verticaux, ou perpendiculaires, l'un exposé vers l'Orient, & l'autre vers l'Occident, qui renvoyront la lumiere, chacun vers sa muraille, & le quatriéme sera incliné, & panchera vers le Septétrion, pour reflechir aussi, cette lumiere vers l'autre muraille, sur des lignes, lesquelles y seront marquées; & afin d'avoir une diversité de Cadrans, il sera bon d'en faire quelqu'un pour marquer les heures égales, un autre pour les heures inégales, ou planetaires, un autre, pour marquer les heures, qu'il sera pour lors à Rome, à Venise, à Constantinople, ou Babilone; un autre pour sçavoir, quelle heure il est à Madrid, ou à quelqu'autre Ville: & enfin quelqu'un d'iceux les contiendra tous, chacun en particulier estant décrit, de lignes de differentes façons & couleurs, ainsi sans partir de sa chambre, ny mesme de son lit, on sçaura quelle heure il est, de iour, ou de nuit au clair de la Lune, nonseulement dans son pays, mais aussi dans les pays estrangers; on pourra mettre aussi au tour de ces Cadrans, quelques peintures & belles devises, pour nous advertir de nostre salut, & nous faire penser à la mort, & à l'éternité.

Pour faire ces sortes de Cadrans sans beaucoup d'artifice, du moins ceux qui servent pour le lieu où l'on eſt, ayant planté vn ſtile contre vne muraille, ou ſur terre, ou bien ayant placé ces miroirs, comme nous avons dit, il ne faut qu'vn beau iour d'eſté, ſuppoſez proche du ſolſtice, marquer à chaque heure, vn point, ſur l'extremité de l'ombre du ſtile, ou dans le centre de la lumiere reflechie, au moyen d'vne horloge, ou d'vne monſtre bien iuſte, du moins en ce temps-là, ſur laquelle on ſe reglera, & huit où dix iours apres, il faudra marquer auſſi deux points, à deux heures également diſtantes de midy, par exemple, à neuf heures avant midy, & à trois heures apres, & ayant tiré des lignes droites ſur les deux points de chaque coſté, au point où elles ſe couperont, ce ſera le centre des heures, d'ou il faudra tirer d'autres lignes ſur les autres points, & y marquer les heures, & on aura ainſi vn Cadran fort iuſte.

Ie ne diray qu'en paſſant, qu'on poura auſſi reconnoiſtre dans ſa Chambre & ſans ſortir dehors, de quel coſté ſera le vent, par le moyen d'vne vanvolle, ou giroüette, qui fera tourner vne aiguille, ſur vne table ou rouë, ou les 32. vents ſeront décrits, car cela ne regarde point mon deſſein, & ie m'en écarterois trop.

Retournons à noſtre Baſton, lequel eſtant planté droit, en quelque plan, comme ſeroit une cour, un jardin potager, ou quelque autre endroit, il pourra nous marquer les heures, quand elles ſeront deſignées par de menuës plantes, ou petites allées, comme nous avons dit, en plantant ce Baſton dans le lieu qu'il conviendra, & qui luy ſera déterminé; & ſi on veut, noſtre ombre ſervira pour le meſme effet, en nous mettant dans les endroits qu'il faudra, & qui ſeront marquez pour noſtre hauteur, ou pour telle autre que ce puiſſe eſtre, ainſi quand une perſonne entrera dans un lieu, où un semblable Cadran sera tracé, & s'estant exposé le dos vers le soleil, dans le lieu requis, il verra par l'extremité de l'ombre de sa teste, quelle heure il sera en ce temps là, & pour autant de temps qu'on y demeurera, & si on estoit assez sçavant dans cette science, on pourroit connoistre quelle heure il seroit, en quelque lieu, qu'on fust, en mesurant son ombre, & pour cet effet, il faudroit sçavoir sa hauteur, l'élevation du pole dans le lieu, où l'on seroit, l'endroit du Soleil dans le Zodiaque, & quelle longueur devroit avoir son ombre, à son pied, pour chaque heure de ce temps là, qui seroit un chef-d'œuvre de cette science, ou de l'Art de faire des Cadrans, & un Cadran portatif, sans cadran, & sans aucuns instrumens de Mathematique.

Sur ces mesmes principes, & cadrans cy-dessus décrits, on pourra sçauoir la nuit, au clair de la Lune, quelle heure il est, sçachant l'epacte de l'année, & si on ne sçait pas precisement le nombre epactal, on le pourra trouver, par le moyen du nombre d'or, & pour cet effet, dans le siecle où nous sommes, il faut retrancher le mille, & les cents, & adiouster cinq à l'année proposée, & en oster autant de fois dixneuf, qu'on le pourra, & ce qui restera, il le faut compter sur trois doigts de la main, & s'il tombe sur le premier, le nombre proposé est celuy de l'epacte de cette année-là, s'il tombe sur le second, il faut y en adiouster dix, & s'il tombe sur le troisiéme, il faut en adiouster vingt, & s'il passe trente, il faut les oster, & ce qui restera, sera le nombre de l'epacte de l'année proposée; par exemple, ie veux sçavoir quel nombre d'epacte, nous aurons en l'année suivante 1676. i'oste le mille, & les six cens, puis en ayant adiousté cinq, qui font 81. dont ayant osté les dix-neuf, il m'en reste cinq, & les ayant compté sur les trois doigts, il finit sur le second, & ainsi y adioustant dix, nous aurons quinze d'epacte, pour cette année, qui commence au mois de Mars, & par l'epacte, on verra, en quel signe du Zodiaque, est la Lune, & adiouster trois quarts d'heure, pour chaque iour, depuis sa conionction au Soleil, qu'on appelle la Nouvelle Lune, car la Lune se recule du Soleil chaque iour, de trois quarts d'heure, c'est à dire, qu'il s'en faut trois quarts d'heure, ou autrement environ unze degrez, qu'elle ne se ioigne au Soleil, en un iour naturel de 24. heures, ainsi quand elle est Pleine, & qu'elle est opposée au Soleil, il s'en faut douze heures, qu'elle ne marque la mesme heure, que fait le Soleil, estant en ce temps-là éloignée du Soleil de six signes, qui font cent quatre-vingt degrez, & apres la Pleine Lune, il faut y adiouster trois quarts d'heure par chaque iour, comme nous avons dit.

Par exemple, le dix-huitiéme de la Lune, c'est à dire, trois iours apres son opposition, où la Pleine Lune, elle marquera deux heures à un cadran, & y adioustant douze heures, & trois fois trois quarts d'heure, qui font deux heures, & un quart, nous aurons quatre heures & un quart apres minuit, & ainsi de temps en temps.

Et quoy que par l'epacte, nous ne puissions pas precisement sçavoir l'Ephemeride, ou le lieu où est la Lune, dans le Ciel, ou dans le Zodiaque, mais seulement à peu prés, y ayant quelque-fois un iour plus, ou moins, de faute, on pourra neantmoins s'en servir (sauf à avoir recours aux Ephemerides, ou aux bons Almanachs) considerant, que la Lune s'éloigne du Soleil, d'un ſigne, ou trente degrez, en deux iours & demy; ainſi ſçachant le lieu, où eſt le Soleil, & l'âge de la Lune, on verra en quel ſigne elle eſt, en ce temps-là, la Lune eſtant dans ſa conionction, dans le meſme ſigne, où eſt le Soleil, & quand elle eſt pleine, elle eſt dans le ſigne, qui luy eſt opposé, & dans le premier, ou ſecond quartier, elle eſt éloignée du Soleil, de trois ſignes, ou 90. degrez.

Par le meſme moyen, on ſçaura l'aſpect du Soleil, & de la Lune, & en quel aſpect ils ſont avec les ſignes du Zodiaque, & des eſtoilles, qui les compoſent, & qui ſont à l'endroit de chaque ſigne, & ſi on ſçavoit la ſituation, ou le lieu des autres Planettes, on verroit en quel aſpect ils ſont auec le Soleil, & la Lune, & entre eux.

Et afin de reduire toute cette haute & illuſtre ſcience, en pratique, & la mettre ſur ce Baſton, pour s'en ſervir en diverſes occaſions, ie voudrois décrire au tour de ce Baſton, les douze ſignes du Zodiaque, marquez de leurs caracteres ordinaires, & diviſez chacun en trente degrez, de cinq en cinq, ou dix en dix, ſelon que la groſſeur du Baſton le pourra permettre, & contre ce Zodiaque, ou ligne Eccliptique, (ainſi appellée, à cauſe que les éclipſes du Soleil, & de la Lune s'y font, quand la Lune s'y trouve aux points de ſon oppoſition, & de ſa conionction, le Soleil n'en ſortant iamais, & la Lune s'en écartant de ſept à huit degrez, quelques-fois d'un coſté, & d'autres fois de l'autre) mettre un cercle qui tourneroit, où le Soleil ſeroit dépeint, avec tous ſes aſpects, ſçavoir les ſextils ✱, les quarts □, les trines △, & l'oppoſition ☍, & au deſſus mettre trois pareils cercles, le plus haut pour Saturne ♄, celuy du milieu pour Iupiter ♃, & le troisiéme pour Mars ♂, & au dessous mettre trois autres cercles, l'un pour Venus ♀, l'autre pour Mercure ☿, & le dernier pour la Lune ☾, chacun marqué de ses aspects, suivant l'antien systeme, qu'on appelle de Ptolomée, & faire aussi un cercle divisé en 24. parties, pour marquer les heures, & un autre en 12. pour les Maisons du Ciel, & tous les iours, ou bien quand on voudra, accommoder ces cercles, mettre tant le soleil, que les autres Planettes dans leur veritable lieu, & comme ils sont au Ciel, en ce temps-là, afin de voir tous les aspects qu'ils ont auec le Soleil, & entr'eux, pour tirer des horoscopes, ou pour satisfaire sa curiosité, & s'en servir dans la Medecine.

Ie dis suivant l'antien Systeme, qui est de Ptolomée, estant celuy qui se peut mieux accommoder à ce Baston, considerant que les aspects de Venus, & de Mercure ainsi placez, ne se doivent entendre qu'à l'égard du Soleil, estant constant, comme il se void par les systemes de Copernic, & Ticho-Brahé, que le Soleil est le centre de leur deferent, ou mouvement, & qu'ils tournent autour de luy, sans s'en écarter, ou éloigner, que de peu de degrez, sçavoir, Venus de quarante-neuf, ou environ, & Mercure de vingt-trois; & bien que ces mesmes Autheurs pretendent, que Saturne, Iupiter, & Mars, ayent aussi le Soleil pour leur centre, neantmoins comme leur mouvement est plus grand, & qu'ils tournent autour de la terre, c'est à dire, que la terre est quelques fois entr'eux, & le Soleil, cela n'empeschera pas, qu'on ne s'en serve, & qu'on ne les mette au tour de ce Baston, & mesme on pourra mettre tous ces Planettes dans un plan, soit dans un livre, ou autre chose, ſuivant l'un, ou les autres ſyſtemes, ou opinions, pour s'en ſervir, quand on vondra.

On pourra auſſi faire pluſieurs petits cercles, qu'on tournera au tour de ce Baſton, ſur leſquels il y aura des lignes traverſantes, & des clefs, & des notes ſervant au Plein-Chant, & à la Muſique, & les arrenger comme on voudra, pour noter quelque chanſon, motet, ou air de Muſique, qu'on pourra y écrire, & y appliquer, & l'oſter, quand on voudra, pour y en remettre un autre.

On pourra auſſi faire un cercle pareil, qui tournera au tour de ce Baſton, où il y aura une aiguille, qu'on levera, quand on voudra, pour ſervir à deux ſortes de cadrans, l'un vertical, & l'autre horizontal, leſquels y ſeronr décrits, comme nous avons dit; ſi on ne veut point qu'il y aye de bequille à ce Baſton, mais ſeulement une pomme, auquel cas il faudra mettre le plomb dans la pomme, ou dans le Baſton.

Il faudra auſſi marquer cette bequille de quarante-cinq degrez, ou nombres, de cinq en cinq, & en marquer autant, & en pareille diſtance ſur le bout, & le long d'un des coſtez de ce Baſton, afin que, faiſant couler la bequille le long du Baſton, on puiſſe prendre les hauteurs, & les profondeurs des lieux, meſme inacceſſibles, comme on fait, par le moyen d'un quarré Geometrique, ou quart de nonante, ſuivant les regles, que l'Altimetrie preſcrit, meſme que ſi ce Baſton eſt marqué, ou gradué depuis un bout iuſques en l'autre, comme il eſt requis, il pourra ſervir, par le moyen de cette bequille, & du plomb, que ie ſuppoſe touſiours y devoir eſtre, pour prendre la hauteur, ou élevation du Soleil, & de la Lune, par leur ombre, meſme des Planettes, des eſtoilles, & des

& des comettes, par la veuë, ou rayon optique, d'une seule operation : quoy qu'on puisse faire la mesme chose par les 45. degrez, marquez dans un des bouts de la bequille, & par un pareil nombre de degrez, marquez au haut du Baston, faisant en tout 90. degrez, comme ceux qui sçavent cet Art pouront aisement comprendre ; on poura pareillement marquer ce Baston, à commencer au dessous de la bequille, pour sçavoir l'élevation du Soleil, & de la Lune ; ce qu'on reconnoistra au mesme temps, qu'on prendra garde à l'heure, qu'il sera, voyant quel nombre de ce Baston, l'extremité de l'ombre de la bequille, touchera.

On en poura faire aussi un Baston Astronomique, que nous appellõs un Baston de Jacob, l'ayant marqué, comme il faut, pour cét effect, afin de prendre, & connoître la distance de deux Planettes, ou estoilles, & leur élevation sur l'horizon, & ce, d'vne seule operation, si elles ne sont éloignées l'vne de l'autre, ou de l'horizon, que de 70. ou 80. degrez ; car si elles l'estoient davantage, il faudroit (pour bien faire) plusieurs operations, & prendre la distance de quelque estoille, qui sera entre les autres, en ligne droite ; on poura aussi s'en servir, pour prendre la distance de deux autres objects, tels qu'on voudra, en faisant les operations necessaires, & que cét Art requiert, & pour les faire plus iustes, il est à propos de faire vne taille, ou mettre vn petit bouton, au bout de bas de ce Baston, afin de conduire la veuë, ou rayon optique, vers les extremitez des deux bouts de cette bequille, & aux objects proposez.

Ce Baston, & cette bequille, pourront aussi servir, pour trouver des eaux sousterraines, afin de faire des fontaines, & des puits, & pour couper & élever des eaux ; qui naissent dans des lieux, où elles sont incommodes, afin de s'en servir, pour l'utilité publique, ou particuliere, car estant porté sur vne des mains, en équilibre, & marchant doucement dans les lieux, où l'on cherche des eaux, il tournera & s'inclinera en passant par dessus chaque cours d'eau, soit qu'il soit fait de coudre, ou d'autre bois, ayant obseryé que toute sorte de bois, & d'autres choses s'inclinent aux eaux, qui coulent dans la terre, ainsi qu'aux mines, metaux & mineraux, dont i'espere parler plus amplement ailleurs ; cependant, ie diray pour y faire penser, que ce Baston feroit encor quelque chose plus belle, qu'il n'est pas, si par son moyen, on pouvoit connoistre la profondeur des cours d'eau, dans le sein de la terre, comme quelques Autheurs l'ont dit, & en ont décrit la machine, & entr'autres le R. P. Jean François Jesuïte, dans son livre de la Science des Eaux, imprimé à Rennes en 1653.

Ayant décrit cy-devant un Cadran Vniversel par le moyen de cette aiguille d'acier, & craignant, qu'elle ne puisse pas faire tourner ce globe, & cette machine, que i'ay décrite, ie me suis âvisé depuis, d'y faire du moins un Cadran particulier, soit horizontal, vertical, ou polaire, mettant cet aiguille au bout d'un essieu, & à l'autre bout, y appliquer un cadran, pour la tenir en équilibre sur un seul pivot, s'en faisant de cette façon, qui sont ainsi contrebalancées, & soustenuës sur un seul pivot, & ce cadran servira de contrepoids, estant fait d'une matiere fort legere ; & bien que ie parle de plusieurs cadrans, ce n'est que pour en choisir un, tel qu'on voudra, & si on change de degré, soit qu'on approche, ou qu'on recule du pole, il faudra changer ce cadran, à la reserve du polaire, où le Zodiaque sera marqué au tour, pour servir aussi de cadran, comme nous avons dit, dont il faudra seulement changer l'élevation, & la conformer à celle du pole.

On pourra aussi mettre sur cette pomme, & sur cette bequille, les Lettres Dominicales, & qui commencent, ou marquent les premiers iours de chaque mois, & en faire quelques syllabes, ou mots, pour les mieux retenir, & rappeller en sa memoire, y adjoustant des o, qu'on supprimera, quand on voudra s'en servir, cõme n'estant point des Lettres Dominicales, a d d o g o b e g o c f a d o f: a, pour le premier iour de Ianvier, d pour Fevrier, & ainsi des autres; & mettre les premieres lettres des mois au dessous des lettres Dominicales, i f m a m i j a s o n d, i, pour denoter Ianvier, f pour Fevrier, & ainsi des autres mois, & par ce moyen, il sera aisé de sçavoir, quelle lettre marquera quelque iour que ce puisse estre; on y mettra aussi les dix-neuf nombres epactaux, 1. 12. 23. 4. & les autres de suite, & ces quatre lettres J. L. R. I. pour signifier Jacques le Royer Inventeur, ou bien Jacobus le Royer Inventor, ou Invenit, & ces quatre autres J. N. R. J. pour signifier, Jesu Nazareno Regi Judæorum, afin de faire connoistre, que ie luy en attribuë toute la gloire, si i'en puis esperer de cette invention, & qu'il est mort pour nous en une Croix, que cet instrument nous represente; on y mettra aussi S. P. Q. R. L. Salus, Paxque, Regi, Ludovico.

On pourra faire cette bequille, de telle grandeur, & de telle forme, & figure, qu'on voudra, comme d'un oyseau, d'un poisson, ou d'un serpent, & ce seroit quelque chose de beau, si on pouvoit en faire quelque Gamahé, ou quelque Talisman.

On mettra sur ce Baston, le pied de Roy, divisé en ses douze pouces, & l'un d'iceux en ses douze lignes, & la demie aune avec toutes ses parties, afin de s'en servir dans les occasions, où l'on en aura besoin, ou pour sa propre satisfaction.

On pourra mettre dans ce Baston des lunettes d'approche, ou de Galilée, ou bien en faire un estuy, ou arsenal, pour ainsi dire, ou une écritoire, soit de cuivre, ou d'autre metail, & mettre dedans un petit coûteau, des plumes, & trenche-plumes, une fourchette, qui servira aussi de manche à une cuiller, (qu'on mettra dans la pomme) un compas commun, ou mesme un de proportion, un cachet, une équerre ployante, un poinçon, & des cure-dents, & cur'oreilles, (car ils y seront mieux, que de les porter sur son épaule, comme on fait presentement; ce qui me semble aussi extravagant, comme de porter son chausse-pied, & sa cuiller à sa ceinture, ainsi qu'on faisoit, il y a environ cent ans,) des lancettes, bistoris, spatules, aiguilles, cyseaux, flames, & autres sortes d'instrumens, qui sont propres, & necessaires à diverses professions, & mestiers, suivant que chacun voudra, pour s'en servir dans son Art, & suivant son inclination; & faire en sorte, qu'on ne l'ouvre point, que par le moyen d'une serrure, & d'une clef, ou par quelque secret, que celuy, à qui est le Baston, sçaura, s'en faisant de plusieurs sortes, dont Vesquier en décrit quelques uns, dans ses secrets, qui sont tirez de divers Autheurs, où ie fais renvoy, pour ne les pas divulguer; ie diray seulement que ces petits cercles, où les Planettes, & leurs aspects sont décrits, dont nous avons parlé, en pourront ſervir, meſme qu'on y pourra encore mettre, quelques lettres ou caracteres, afin qu'eſtant rengez, comme il ſera requis, on puiſſe ouvrir cette écritoire, ou eſtuy, ce qu'on ne pourroit faire autrement, & ſans en ſçavoir le ſecret.

On pourra mettre dans la pomme, ou boule de ce Baſton, vn petit cercle, ou anneau, ſur lequel, ſont deſcrits les mois ou les ſignes dans l'endroit, où ils doivent eſtre, & par dedans au coſté opposé, les heures ſont marquées, & au tour il y a vn autre petit cercle qui tourne, où il y a vn petit trou, qu'il faut mettre ſur le ſigne, & au lieu, ou eſt le Soleil, la lumiere duquel, paſſant par ce petit trou, marque l'heure, quand on luy preſente cet anneau ſuſpendu par vn fil, ſous l'eſlevation du pole du lieu, où l'on eſt; ou bien on y mettra cét autre anneau, qu'on appelle Aſtronomique, décrit par pluſieurs Autheurs, & entr'autres par Gemma Friſius en ſon Livre imprimé à Anvers en 1540. où ie fais renvoy, pour en voir la fabrique, & ſon vſage, tant pour ſçavoir l'heure, de iour & de nuit, que pour prendre la hauteur, ſoit du Soleil, de la Lune, & des étoilles, ou des autres objets, & pour autre vſage, à quoy il eſt propre

On décrira auſſi ſur ce Baſton, les Victoires & Triomphes de noſtre Auguſte Monarque, & de ſes Illuſtres Ayeux Roys de France, leurs Fleurs de Lys, les Dauphins, Lyons, Leopards, Ermines, & autres Armoiries des Provinces, & des plus Illuſtres Familles de ce Royaume, & des Officiers de l'Eſtat, le Soleil, & la Lune, & les autres Planettes, les Comettes & Eſtoilles, les chiffres & regles de l'Arithmetique, les lignes, les cercles, les triangles, & les theorémes, & problémes, de la Geometrie, & Aſtrologie, des medailles de l'antiquité, des machines, pour les élevations des eaux, la quadrature du cercle, les Vertus Cardinales, des emblémes, fables, & Caracteres hyerogliphiques, & autres choses belles, & curieuses, qu'on y pourra peindre, ou graver, & imprimer, de mesme que dans ce fameux Bouclier, décrit par Virgile dans le huitiéme Livre de son Eneïde, que la Deesse Venus donna à son Fils Enée, sur lequel, les plus signalées actions, & Batailles des Romains, & autres choses, avoient esté décrites par Vulcain, par vn artifice si beau, qu'il n'est pas croyable, qu'vn Homme mortel, les eût peu graver dans vn Plan d'vn Arpent, quand les Hommes qui y estoient dépeins n'eussent pas esté plus grands, que des fourmis, & les autres choses à proportion.

Et pour rendre encor ce Baston plus illustre, & digne d'estre porté par vn Monarque, vn Prince, ou quelque grand Seigneur, il faudroit faire ce Miroir concave, dont nous avons parlé cy-dessus, de quelque beau Diamant, ou autre Pierre precieuse, & marquer les points, les lignes, les chiffres, & autres figures d'Or & d'Argent, & les pieces des Armoiries, de leurs veritables couleurs, & des vrays Metaux.

Il me souvient d'avoir leu, ou ouy dire, qu'vn certain Homme, se vantoit de mettre toute l'Illiade d'Homere, dans vne écalle d'vne noix, ie ne sçay, si c'estoit par des lettres, ou caracteres, ou bien par des figures & images; si celuy-là estoit encor au monde, & qu'il en voulust faire la mesme chose, & la mettre dans la pomme, ou autour de ce Baston, ou bien l'Æneïde de Virgile, ou les Metamorphoses d'Ovide, il feroit quelque chose de beau, & qui seroit fort utile.

On pourroit aussi, faire d'autres desseins particuliers, & les mettre ſur differens Baſtons, par exemple les élemens d'Euclide, du moins les ſix premiers Livres, les divers tons du Plain-Chant, & de la Muſique, le Blaſon, les Armoiries des Maiſons les plus Illuſtres d'vne Province, ou d'vne Cour, ou autres choſes, telles qu'on voudroit.

Les anciens peuples de la Iudée, ont eu les Mathematiques en telle veneration, qu'ayant appris, par quelques eſprits Prophetiques, que le monde devoit finir par deux Deluges, l'vn d'eau, & l'autre de feu, firent faire deux grandes Colomnes, que du Bartas décrit élegamment, l'vne de Pierre, & l'autre de Brique, ſur leſquelles, ils tracerent les Mathematiques, ou belles ſciences, ſçavoir l'Arithmetique, la Geometrie, l'Aſtrologie, & la Muſique, pour les ſauver du naufrage, & de l'embraſement, afin de les reſtablir, ſi quelqu'vn en pouvoit échapper, ayant iugé que celle de pierre reſiſteroit à l'eau, & celle de brique, au feu; on pourroit encore faire la meſme choſe, par le moyen de noſtre Baſton, ſi on en faiſoit un, qui reſiſtât à l'eau, ſoit qu'il fuſt de bois, comme il eſt, ou de pierre, ou de quelque metail; quoy qu'on ne doive pas craindre cét accident-là, le deluge d'eau eſtant paſſé; & en faire quelques vns de brique, ou terre cuite, pour reſiſter au feu, quand ils ne devroient ſervir que d'ornement, & de parade d'un cabinet, pour ſatisfaire les curieux, & faire reſſouvenir du deluge de feu, qui doit conſommer toutes choſes, à la reſerve de ce merveilleux Baſton, qu'il pourra épargner, & avoir du reſpect pour luy, ſi on l'oſe preſumer.

Les Hiſtoires nous apprennent, que le Philoſophe Bias, voyant ſa Ville à la pille des Ennemis, lors que les autres Citoyens s'enfuyoient, & emportoient, ce qu'ils avoient de plus cher, & de meilleur, s'en alloit tout bellement, ſans emporter aucune choſe, & ſur ce que l'on s'en étonnoit, & qu'on luy en demandoit la cauſe, il repondit qu'il portoit tout ſon bien avec ſoy, *Omnia mea mecum porto*, & on a interpreté qu'il vouloit dire, qu'il portoit avec luy, toute ſa vertu, & toute ſa ſcience; mais ie veux me perſuader, pour favoriſer noſtre deſſein, qu'on ne l'entendoit pas, & qu'eſtant vieil, il avoit pour s'appuyer un Baſton Vniverſel, ſemblable à celuy, que ie propoſe, ou toutes les ſciences, du moins les plus belles, & les plus conſiderables, eſtoient décrites, & que le portãt, il portoit avec luy, tout ſon bien, c'eſt à dire, toute ſa ſcience.

Et d'effet, on peut dire, que ce Baſton contient par une eſpece d'Enciclopedie, nonſeulement toutes les ſciences, mais meſme tout le monde, car on y trouve toutes les parties des Mathematiques; ſçavoir, l'Arithmetique, la Geometrie, l'Aſtrologie, & la Muſique, avec leurs principaux inſtrumens, & autres ſciences, l'Hiſtoire, la Fable, le Blaſon, & autres choſes, dont nous avons cy-devant parlé : on peut dire, que c'eſt un Microcoſme, qui nous repreſente, & renferme le Ciel, le Soleil, la Lune, les Etoilles, & les Cometres, le Feu, l'Air, l'Eau, & la Terre, qui ſont les quatre élemens; le bois, dont il eſt fait, eſtant un mixte, qui en eſt composé, ſuivant le ſentiment des Philoſophes, qu'on appelle dans nos écolles, Peripateticiens; & ſi les Chimiſtes veulent dire, que ce ne ſont pas les veritables elemens. & que c'eſt le ſel, le ſoulphre, & le mercure, en quoy on reſout les mixtes, comme en leur derniere fin, & que partant, ils en ſont les premiers principes, le ſel

ſel eſtant à leur âvis un baume de vie, une ſource, & racine feconde, & une ſemence premiere, qui engendre, & produit tous les mixtes, le ſoulphre, un feu renfermé, la moüelle de la flame, & le principe des odeurs, le mercure, l'ame des eſtres materiels, une vertu touſiours agiſſante, & un eſprit ſolide, & qui a du poids; ſoit, ie ne veux pas en tenir procez; on pourra trouver en ce Baſton, de quoy les ſatisfaire.

Le Cocos eſt un arbre merveilleux, qui croît dans les Indes, qui eſt propre à pluſieurs uſages, & dont on peut faire, & fretter un navire tout entier : car le bois peut ſervir, pour le compoſer, & en faire les maſts, & de ſon écorce, on en fait du chanvre, propre pour faire des cordes, & des voiles, les fruits sont bons à manger, & on en tire du vin, du vinaigre, du beurre, du ſucre, & de l'huile, & autres choſes, à quoy cet arbre eſt bon; & du Bartas dit, que ſi Dieu avoit voulu, il n'auroit fait que cet arbre, pour ſervir à tout l'Vnivers, s'il n'avoit eſtimé, que pour le rendre plus beau, il eſtoit neceſſaire de le peupler de pluſieurs choſes differentes.

Si ce Baſton eſtoit fait de ce bois, & qu'il peût nous faire les meſmes preſens, nous luy en ſerions bien obligez, puiſque en outre les ſciences, qui s'y rencontrent, pour ſatisfaire noſtre eſprit, nous y trouverions dequoy contenter noſtre corps, & nous garantir de la faim, & de la ſoif; pourquoy non, ne pourroit-on pas mettre dans ce Baſton, quelque quint'eſſence, ou paſte faite de ce fruit de Cocos, pour boire, & pour manger, de meſme que le Chocolas, dont nous commençons de nous ſervir en France, pour ces meſmes effets, & on y pouroit adiouſter quelques drogues, pour nous ſervir de remedes, & de cõtrepoiſõ.

Les Naturalistes disent, que le Tamarisc (qui est un arbre, dont le bois est semblable à nos saules, mais les fueilles en sont bien plus petites,) est bon contre les venins, les chassant, & n'en pouvant souffrir ; & que si on en fait des tasses, & qu'on boive dedans, cela soulage les maux de rate, si cela est vray, on en pourroit faire des bequilles, lesquelles estant portées, & maniées, pouroient faire le mesme effet, ce qui ne seroit pas à mépriser.

On dit, qu'un Villageois entendant des Docteurs disputer, en quel endroit estoit le milieu du monde, l'un disant, que c'estoit la Judée, où nostre Seigneur Jesus-Christ prît naissance, & repara nostre salut, cette contrée se trouvant au milieu des trois parties de la terre, qui estoit pour lors connuë, l'Amerique n'estant pas encore découverte ; & l'autre soustenoit, que c'estoit la premiere des Isles Canaries, appellée l'Isle de fer, ayant esté establie, d'un commun consentement des Geographes, & Astrologues, pour le premier Meridien, & où l'on commence à compter les degrez des longitudes, ce bon-homme planta en terre le baston qu'il avoit, leur disant, que c'en estoit le milieu, & que s'ils ne le vouloient pas croire, ils la mesurassent ; & d'effet il avoit raison, car le globe terrestre estant parfaitement rond, du moins phisiquement, chaque point, ou endroit de sa surface, en est le milieu, neantmoins le baston de ce Villageois, n'estant planté qu'à l'adventure, pouvoit ne pas marquer si iustement le milieu du monde, le centre de la terre, les Antipodes, de Zenit, & le Nadir, l'Orient, le Midy, l'Occident, & le Septentrion, comme fait nostre Baston, au moyen du plomb qui le fera planter droit, & de la boussole, laquelle se tournant vers le pole, nous fait connoiſtre toutes les parties du monde.

I'ay dit dans des vers latins, à la fin d'vn petit traitté que ie fis en 1660. des Cauſes du Flux & Reflux de la mer, des vents, & des fievres, que, pour captiver les bonnes graces de noſtre Auguſte Monarque, ie ferois vne grande machine, qui agiroit par le moyen du Mouvement Perpetuel, & feroit tourner le Ciel, le Soleil, & la Lune, & que ſi cela ne reüſſiſſoit pas, ie remuërois la terre & les autres élemens, mais voicy une autre machine pour le meſme deſſein, laquelle quoy qu'elle ſoit bien petite renferme neantmoins, & contient toutes ces choſes, qu'on pourra remuer à ſa diſcretion; la reflexion eſt belle, que ie veux gaigner les bonnes graces de ſon A. M. & les voſtres, M. par le moyen d'vn petit Baſton, mais qu'importe, ſi ie les obtiens, de quelque façon que ie le face; & ſi cette machine eſt petite, elle n'eſt pas à mépriſer, & il me ſemble, qu'il y a autant de peine, a reduire pluſieurs grandes choſes, à vn petit volume, que d'eſtendre beaucoup une petite matiere; ainſi on poura tirer de ce Baſton, pluſieurs belles connoiſſances, & illuſtres ſciences, que i'y ay renfermées, & traitées ſuccintement, (ſans m'arreſter aux particularitez, car il euſt fallu une colomne auſſi grande, qu'vne de celles d'Hercule,) quoy que chaque, meritaſt un grand volume, qu'on pourroit en faire, ſi on vouloit l'amplifier: & d'effet, un habile homme, ſuppoſez un Medecin, pouroit prendre occaſion de traitter de toute la Medecine ſur un ſeul des Aphoriſmes d'Hypocrate: vn Iuriſconſulte, pouroit parler de tout le Droit, en expliquant la premiere Loy, qu'il rencontreroit à l'ouverture du livre: un Mathematicien pouroit expliquer toutes les parties des Mathematiques sur vn de ses Theorémes, ou Problémes, & ainsi des autres Sciences, & des Arts ; & ce Baston, estant preparé de la sorte, que nous avons dit, poura donner matiere à toutes sortes de Professiõs, d'exercer leurs esprits, & rafraischir leur memoire, dumoins des principes de toutes sortes d'Arts, & de Sciences, pour se les rendre cõmunes, & les avoir tousiours en sa main, & devant les yeux.

Enfin, Monseigneur, ie vous supplie d'aggréer ce Baston, & vous en servir dans toutes ses parties, ayant eu raison de l'appeller Vniversel, puisqu'il contient, & renferme toutes, ou du moins les plus belles Sciences, & ce faisant, vous souvenir de celuy, qui vous le presente, & d'estre son Protecteur, & son appuy, & voir, qu'en outre l'utilité que vous en recevrez, vous en servant pour vous appuyer, il y a plusieurs choses rares, & curieuses, qui pouront recréer vostre esprit, & vous satisfaire; en quoy, si cela arrive, ie pretends avoir trouvé le but, que ie me suis proposé.

Omne tulit punctum, qui miscuit utile dulci.

Et bien que i'aye décrit plus de choses, que vraysemblablement l'on n'en puisse mettre sur ce Baston, ie veux pourtant encor y en adiouster une, que i'estime autant, & plus que toutes les autres, sçavoir, que ie suis de vostre Grandeur,

MONSEIGNEVR,

Le tres-humble & tres-obeyssant serviteur, J. LE ROYER.

A MONSEIGNEVR MONSEIGNEVR LE DAVPHIN.

ONSEIGNEVR,

Ie ne pretends pas, en vous dedıant ce petit Traité de l'Art des Arts, & des Sciences, ou des Nouvelles Inventions, retracter ma parole, que ie donné, lors que ie mis au frontispice de quelques vns de mes œuvres, que ie fis imprimer en l'année 1665.

Dico Opera Mea Regi Francorum, &c. puisque vous estes vn Autre Luy mesme, les Os de ses Os, la Chair de sa Chair, & sa viuante Image, & que, si ie l'ose dire, vous estes destiné, suiuant le cours ordinaire de la nature, d'estre nostre Roy, apres qu'il aura quitté la terre, pour aller viure à iamais au Ciel; d'ailleurs il faut considerer l'inclination de ceux, ausquels on offre quelque ouurage, & pour cét effet, comme il est Grand, Magnanime, & Auguste, ie luy veux reseruer des secrets, qui soient de la derniere importance, & qu'on puisse dire estre dignes de Sa Majesté, il faut au plus Grand des Roys, les plus beaux secrets de la nature, & comme il joint à ses Triomphes, l'vtilité, & l'abondance de son Royaume, il luy faut des desseins, qui soient propres dans la guerre, & qui puissent remplir ses sujets de bien, & d'opulence; c'est ce que i'ay desia fait, & que ie pretends continuer, & mesme augmenter; ce sont là les œuures, ou pour mieux dire, les chefs-d'œuures, que ie luy veux presenter; & ce seroit, ce me semble, luy faire iniure, que de luy donner des preceptes d'un enfant, & des coups d'essay, tels que sont, l'Art des Nouvelles Inventions, & le secret d'apprendre facilement les Langues, les Sciences, & à bien Ecrire, cōme estans, à mon âvis, M plus propres à vos tendres années, qu'à Luy, qui est consommé, & achevé, autant & plus, qu'aucun autre Monarque; & si vous estiez fasché, qu'il fît trop de conquestes, comme estoit Alexandre, encore ieune enfant, que Philippes Roy de Macedoine son Pere remportoit beaucoup de victoires sur ses voisins, creignant qu'il ne luy laissast plus rien à conquerir, quand bien nostre Auguste Monarque vostre Pere, reduiroit à son Empire, & sous sa domination, le reste du monde, vous devriez, MONSEIGNEVR, vous en consoler, en ce que, si vous voulez suivre les âvis, que ie donne dans ce petit Traité, vous pourez apprendre toutes les Langues du monde, entendre, & répondre sans Interprete à toutes les Nations, qui vous seroient sujettes; de mesme que ce grand Genie, qui vivoit dans le dernier siecle, Guillaume Postel, mon compatriote, car il estoit, comme moy, originaire du Comté de Mortain, lequel fit *deux fois le tour du monde, & qui avoit appris toutes ſortes de langues, en telle ſorte, que la ſeconde fois, qu'il fit le tour de la terre, il n'avoit pas beſoin de truchement, pour entendre, & parler le langage des pays, par où il paſſoit: ie vous ſupplie d'en agréer le projet, & de m'accorder la grace, que ie vous demande, avec tout le zele, & la ſubmiſſion poſſible, de me tenir,*

MONSEIGNEVR,

de voſtre Alteſſe Royale,

Le tres-humble, & tres-obeyſſant
Serviteur LE ROYER.

L'ART DES ARTS. ET DES SCIENCES, OV DES NOVVELLES INVENTIONS.

Nova sint omnia.

CHAPITRE I.

DE L'VTILITE' DES Nouvelles Inventions.

SI On a raison de dire, qu'vn homme en vaut autant d'autres, qu'il sçait parler de langues differentes, l'on en auroit encore plus, ce me semble, si on disoit, qu'vne personne qui sçauroit vn secret, par le moyen duquel il pouroit faire seul, ce que plusieurs fairoient ensemble, seroit autant à estimer, que ceux qu'il faudroit employer pour faire la mesme chose; & afin de pousser cette pensée, iusques où elle peut aller, on pouroit soustenir, qu'un homme, qui a inventé, & mis en lumiere un secret, par lequel un seul homme pouroit faire autant que plusieurs autres, vaut nonseulement autant que ceux-là, mais mesme on le doit considerer autant que ceux qui se serviront de cet Art, qu'il a trouvé; mais comme les exemples, appuyez sur l'experience, & démonstrez par raison, font plus sensiblement connoistre la verité, que les paroles, qu'on pouroit supposer estre sans fondement: Ie soustiens, que celuy qui a inventé l'Art d'Imprimerie, par le moyen duquel deux personnes, escrivent en un iour, autant, & mieux, que cent Escrivains habiles & experts ne pouroient faire, doit nonseulement estre estimé autant, que ces cent Escrivains-là, mais mesme on le doit considerer autant, que tous les autres Escrivains, qui travailleront apres luy à imprimer des livres, & autres sortes d'écritures, iusques à la fin des siecles; & d'effet il couste presentement cent fois moins à faire imprimer quelques fueilles de papier, qu'à les faire écrire à la main, pourveu que ce soit la mesme chose: on en peut dire autant de plusieurs autres secrets, soit pour l'élevation des eaux, ou pour les forces mouvantes, les horloges, les gruës à bastir, les moulins, la poudre à canon, & autres choses de pareille nature, où un homme seul fait, ou fait faire, ce que cent autres ne fairoient pas si bien, ny si commodément.

Vne Gruë à bastir, vaudra cent Crocheteurs,
Vn rayon mesureur, cent aillez Arpenteurs, Du
Pour partager la terre en climats, & ceintures, Bartas.
Et la grandeur du Ciel en huit fois six figures. &c.

En effet, les Anciens ont eu ces gens-là, ie veux dire, les Ingenieurs, & Inventeurs de secrets, en telle veneration, qu'ils les ont honorez, & mesme adorez, comme des Dieux; témoin Ceres, qui a passé dans leur esprit, pour une Déesse, à cause qu'elle avoit trouvé le secret de cultiver, & se servir du bled, pour l'usage des hommes, lesquels avant, ne vivoient que de glands, & de chasteignes; témoin aussi Baccus, qui le premier cultiva la vigne, laquelle estoit du precedent negligée, & sauvage, & nous a donné l'usage du vin, qui est admirable dans ses effets, si on en use avec discretion; c'est pourquoy le Poete Latin les met au rang des autres Divinitez, ainsi que Minerve, qui a inventé l'usage de l'huille.

- - - - - - Vos ô clarissima mundi
Lumina, labentem cælo quæ ducitis annum, Virg. 1. Georg.
Liber, & alma Ceres, vestro si numine tellus
Chaoniam pingui glandem mutauit arista,
Poculaque inuentis acheloïa miscuit vuis.
- - - - - - oleæque Minerva
Inventrix.

Archimede faisoit luy seul plus de mal aux Romains, lors qu'ils assiegeoient la ville de Syracuse, que cent genereux soldats n'eussent peu faire : car il brusloit avec des miroirs ardens, leurs navires, quoy qu'ils fussent esloignez de luy, d'une, ou deux lieuës, & il leur décochoit, par des machines qu'il avoit faites, plus de darts, & de fleches, que cent soldats n'eussent peu faire, pourquoy il se rendit si recommandable aux Romains, quoy que ses ennemis, que leurs chefs défendirent de le tuer, lors qu'ils entrerent victorieux en cette ville-là, voulans se le conserver, ce qui n'eut pourtant point d'effet, car il fut mal-heureusement tué par un soldat, qui ne le connoissoit pas, comme il se voit dans l'histoire, qui en a esté décrite.

Ie ne pretends pas faire icy, vn grand panegyrique de l'vtilité, & du profit de ces secrets, ou d'autres semblables, ou des nouvelles inventions, mais seulement donner quelques regles, ou maximes, qu'on peut, & qu'on doit tenir, pour trouver, & inventer quelque chose de nouveau, soit dans les Arts, ou les Sciences, & dans les preuves, & demonstrations des causes physiques, & des effets, qui se presentent à nos yeux, avec vn secret, que i'ay inventé, pour apprendre aisément l'Art d'Ecriture, & en faciliter l'vsage, & quelques metodes, pour apprendre facilement l'Aritmetique, & toutes sortes d'Arts, de Langues, & de Sciences; & specialement, quand on a les qualitez requises pour cét effet; sçavoir, une grande vivacité d'esprit, pour concevoir, & retenir ce qu'on entend, & ce qu'on voit; & une grande attache à trouver, & emporter, sans discontinuation, ce qu'on entreprend; il faut estre, de son humeur, & inclination naturelle, ce que nous appellons inventif, & ingenieux, il faut s'appliquer, de propos deliberé, & de toutes les puissances de son genie, pour venir à bout de ses entreprises, il faut avoir une ferme, & irrevocable volonté, de trouver ce qu'on cherche, un iugement, ou si vous le voulez, un raisonnement clair, & net, & mesme penetrant, pour lever toutes les difficultez, & toutes les erreurs, qui peuvent faire obstacle, il faut aussi avoir une grande, & universelle memoire, afin de se souvenir de ce qu'on a veu, & mesme de ce qu'on a pensé, pour s'en servir, s'il est à propos, dans de differentes rencontres; car se seroit inutilement, que des personnes, qui ont un esprit pesant, & tardif; & qui ne peuvent rien comprendre, qu'avec difficulté, ny se ressouvenir de ce qu'ils ont veu, ou qui sont si volages, & inconstans, qu'ils ne s'attachent à aucune chose, ou qui ne font rien d'eux-mesmes, & qui n'apprennent que par memoire, comme des perroquets, copistes, ou plagiaires, ce seroit,

dis-je

dis-je, inutilement, que ces sortes de gens-là, s'appliqueroient d'eux-mesmes, ou qu'on voudroit faire addonner à trouver, ou inventer quelque chose de nouveau, & à l'Art des Nouvelles Inventions, que ie propose, & que i'appelle, à bon droit, l'Art des Arts, & des Sciences, puisque par ce moyen, on les poura aisement apprendre, & en recevoir une grande satisfaction, & utilité, tant pour son profit particulier, que pour le public.

CHAPITRE II.

SECRET NOVVEAV POVR APPRENDRE aisement à bien Ecrire.

AFin de parvenir à cét Art des Nouvelles Inventions, il faut en premier lieu, sçavoir écrire, qui est, à mon âvis, le plus beau secret, & l'Art le plus vtile de tous ceux qui ont esté, ou qui seront iamais inventez; car cét Art imite non seulement la voix, & la parole, comme fait l'éco, mais mesme il le fait d'vne façon bien plus admirable, & plus vtile, que n'est pas la parole mesme; car la voix, ou la parole se perd, & l'écriture demeure; & ainsi on peut dire, que la copie est meilleure que l'original, & que l'ombre est plus belle, & plus éclatante que le corps; vn homme, par sa voix, ne peut faire concevoir sa volonté, & sa pensée, qu'à ceux qui l'entendent, & dans vn fort petit espace, & pendant sa vie, ou qu'il peut parler; mais par le moyen de l'écriture, il se peut faire entendre à ceux qui ne l'ont iamais ouy, ny veu, quoy qu'il fust aux Antipodes, ou mesme decedé, puis qu'elle vit &

subsiste aprés le trépas de son Autheur : vn de nos Poëtes François a décrit élegamment cét Art, dans la Traduction qu'il a faite de la Pharsale de Lucain, qui dit avoir esté inventé par le peuple de Phenitie.

Phœnises primi, famæ si creditur, vsi
Mensuram rudibus vocem signare figuris. Lucan⁹.

C'est de luy d'où nous vient cét Art ingenieux, Mr. de Brebeuf.
De peindre la parole, & de parler aux yeux,
Et par les traits divers, de figures tracées,
Donner de la couleur, & du corps aux pensées.

Il eust peu adjouster ces deux vers, & autres de pareille nature.

Faire parler les Morts, faire entendre les Sourds,
Et donner aux Müets, des éloquens discours.

C'est par ce bel Art, que nous entendons, les paroles de nos Ayeuls, que nous voyons leurs actions, leurs paroles, & mesme leurs pensées les plus secretes, comme si elles estoient faites, prononcées, & exprimées à nos yeux, & en nostre presence ; nous scavons par ce moyen, ce qui a esté fait dans les siecles passez, ce qui se passe chez nos voisins, Amis, ou Ennemis, & dans les Pays estrangers ; c'est l'ame du commerce, c'est le lien de la societé civile, enfin c'est le plus beau thresor, & le plus grand bien du monde, & s'il en estoit osté, il seroit vray de dire, que tout retourneroit dans son ancien cahos, & sa premiere confusion ; & ie puis encor adiouster, que ceux, qui sçavent cét Art, ont plus d'advantage dessus les autres hommes, qui l'ignorent, que les hommes n'ont par dessus les autres animaux : & d'effect, vn homme, qui ne sçait point l'Art d'Ecriture, est, pour ainsi dire, vn corps sans ame, & vne ame sans mouvement, & sans sentiment.

- - - mutum, & sine voce cadaver.

Et afin d'apprendre plus facilement cét Art, & s'y rendre plus parfait, i'ay trouvé vn ſecret, que ie décriray ſommairement, en ſorte qu'il n'y aura perſonne, qui ne puiſſe bien écrire, & en peu de temps, de peine, & de frais, pour peu qu'il vueille s'y appliquer.

Ie ne parleray point de quelle façon, il faut tenir ſa plume, & eſpacer les lettres, & les mots, ny d'autres choſes de cette nature, ſuppoſant, que ceux qui ne le ſçavent pas, l'apprendront de quelqu'vn qui leur montrera, ou bien en s'exerçant ſur des exemples, qu'on leur donnera, ou qu'ils fairont eux-meſmes, pour s'y rendre plus habiles, quand ils en ſçauront quelque choſe, en faiſant, ce que ie diray cy-apres.

Ie diray ſeulement que les lettres, qui ont eſté inventées, & qui ſont faites, pour repreſenter aux yeux, les tons, & la voix, que nous formons, pour exprimer nos penſées, ſont preſque toutes, ou droites, ſçavoir les i, m, n, & u, ou circulaires, & rondes, ſçavoir les c, & o, ou bien ſont mixtes, & compoſées de l'vne, & de l'autre figure, comme les *a*, b, d, g, q, & autres ſemblables, ſoit qu'elles ſoient grandes, ou petites, & de diverſes ſortes d'écriture, ſoit Financiere, Jtalienne, ou Baſtarde, car d'vn o, & d'vn i, on en fait vn *a*, & le commencement d'vn g, & d'vn q, qu'on acheve en tirant des queües; d'vn o, on en fait vn b, ou vn d, en tirant des teſtes; des i, on en fait des m, des n, & des u, en y adjouſtant de petits tirets, & des *f*, l, & autres ſortes de lettres, en y mettant des teſtes, ou des queües, droites, ou ſpirales, & circulaires, ſuivant l'uſage, qui en a eſté introduit.

Ainſi, les o, & les i, eſtans les figures les plus communes, & qui ſe rencontrent dans toutes les lettres, il faut faire deux lignes entieres, l'une d'o, &

l'autre d'i, de l'écriture qu'on voudra apprendre, sur du papier gros, & fort, ou sur de la carte, ou du parchemin, mesme qu'on poura les faire graver sur des tables de cuivre, d'or ou d'argent.

Il faut faire ensuite vne ligne de chaque lettre de la mesme sorte d'écriture, sçavoir vne ligne d'*a*, vne de b, vne de c, & ainsi de toutes les autres, & faire aussi quelques lettres doubles, & un alphabet de grandes lettres, pour servir au commencement des chapitres, articles, & noms propres, & enfin écrire quelques lignes, & faire quelques paraphes, ou traits de plume.

Ce fait, il faut enfoncer sur ce papier, carte, ou parchemin, toutes ces lettres & traits de plume, avec vn poinçon, ou autre instrument pointu, en les parcourant, les vnes apres les autres, en telle sorte qu'on y face vne espece de petite voye, ou chemin, par où l'on conduira la plume sans encre, comme si on vouloit former les mesmes lettres, qui sont desia tracées, commençant, & finissant par où il le faut faire, & s'habituer d'aller aussi viste, comme il faut, & qu'on le peut faire; mais il ne faut pas courir à la volée sur toutes ces lettres, & traits de plume, ainsi que des mouches, qui ne recueillent qu'vn peu de miel sur diverses fleurs, par où elles passent; au contraire il faut apprendre à faire & à bien former les o, & les i, avant que d'entreprendre à faire les autres lettres, & ne pas se mettre à faire des mots entiers, à moins qu'on ne sçache bien faire toutes les lettres, car on contracteroit de meschantes habitudes, qu'on auroit de la peine à corriger par apres; il faudra aussi former des lettres, & des traits de plume legerement, & le plus viste qu'il se poura faire, dessus, ou aupres de ceux qui sont faits, & mesme les tracer a rebours, pour s'habituer à escrire plus viste qu'on ne feroit pas, si on s'attachoit à suivre ces petites voyes, qui auroient esté frayées, & tracées dans les lettres ; il faudra aussi marquer de temps en temps, sur du papier avec la plume pleine d'encre, les lettres, qu'on aura essayé de faire, ainsi que les mots entiers, & les traits de plume, comme ils sont faits, & décrits dans l'exemple, pour voir si on les faira aussi bien, que ceux qu'on se sera proposé d'imiter, & si cela n'est pas, il faudra retourner sur son exemple, & retracer plusieurs fois avec la plume sans encre les lettres, & les mots, qu'on n'auroit pas bien fait, & s'habituer ainsi d'en faire de semblables, mesme s'attacher à faire de soy d'autres exemples posément, & à loisir, & les enfoncer avec vn poinçon, comme nous avons dit, & s'exercer à passer la plume sans encre, par le petit chemin qui sera tracé, pour s'acquerir vne plus grande facilité, & agilité de la main, & vne plus grande habitude à écrire mieux, & plus viste, qu'on ne faisoit avant ; ainsi la plume estant conduite par le chemin, qui luy est tracé, & frayé, & dont elle ne peut presque s'écarter, on contractera vne habitude d'écrire aussi bien que l'exemple, qu'on se sera proposé d'imiter, en fort peu de temps & de frais, car il n'en coustera qu'vne fueille, ou deux de papier, ou vne peau de parchemin, ou vne carte, & si on veut faire vne table ou planche de cuivre, ou d'autre metail, elle servira à plusieurs personnes, & vn tres long-temps.

Ce modéle, ou exemple, que ie propose, a encore cét avantage par dessus les autres, dont on s'est seruy jusques à present, pour enseigner à escrire, en ce qu'il est tousiours exposé aux yeux de ceux qui l'imitent ; ce qui n'est pas ainsi aux autres exemples qu'on se proposoit d'imiter, & qui estoit cause qu'ils n'estoient pas exactement suivis, & qu'on faisoit des lettres, & des caracteres differents à ceux qui estoient faits, pour servir d'exemple, car passé les premieres lettres, ou les premieres lignes, les Ecoliers ne prenoient pas garde à leurs exemples, & formoient telles lettres qu'ils vouloient, & qu'ils avoient de coustume de faire, soit qu'elles fussent bonnes ou mauvaises.

Ceux qui voudront se rendre plus parfaits dans cét Art, ils le pouront faire, s'appliquant serieusement à imiter des exemples de toute sorte d'escriture, & des traits plus hardis, que ceux qu'ils se seront proposez d'abord, en usant de la mesme façon, que nous avons dit, & pouront aussi s'acquerir une plus grande facilité, & legereté de la main, la faisant passer, & repasser, aller & revenir fort viste, par les petites traces qu'ils auront faites.

Ce mesme secret peut aussi servir, pour apprendre à peindre, à designer, & à graver, ou buriner, faisant aller son pinceau, ou son burin par dessus, ou par dedans les traits, qui seront desia faits, ou qui seront preparez pour cét effet, & se rendre ainsi la main plus agile, plus libre, & plus legere.

CHAPITRE III.

DE L'ARITMETIQUE DROITE.

L'Aritmetique, ou connoissance des nombres, estant la clef, le principe, & le fondement des Mathematiques, ou belles Sciences, car sans elle, on ne peut les acquerir, ny rien y adjouster de nouveau, i'ay fait dessein de proposer vn moyen, si on le veut suivre, pour l'apprendre facilement, & se la rendre familiere, qui est, en vn mot, l'Aritmetique droite, ou veritable, & telle, qu'elle a esté inventée.

Car tous nos Autheurs, qui en ont traité, & qui en sçavent l'origine, demeurent d'accord, qu'elle a esté inventée, & mise premierement en usage, dans les Pays Orientaux, sçavoir dans la Chine, l'Arabie, & autres lieux, qui se sont adonnez aux Mathematiques, plusieurs siecles avant qu'elle ait esté apportée en l'Europe, dont au temps passé le principal but, & le meilleur employ, & specialement parmy les Romains qui l'occupoient presque tout entiere, estoit de cultiver les mœurs & d'entretenir les peuples, dans une bonne discipline, par l'effort de leurs armes, pendant la guerre, & par la puissance des Loix, durant la paix, comme leur Poëte l'a elegamment décrit dans le sixiéme livre de son Eneïde, que Mr. Perrin a traduit ainsi,

Les autres, ie le crois, d'une subtile main,
Plus naturellement, figureront l'airain,
D'vn marbre encore brut tireront vn visage,
Avec plus d'ornement, poliront leur langage,
Ou décriront des Cieux, le beau compartiment,
Et parleront du cours des feux du Firmament,
Toy souviens-toy, Romain, de gouverner la terre,
Et d'imposer les loix, & de paix, & de guerre,
Ce sera ton mestier, & ton Art glorieux,
Pardonner aux vaincus, vaincre les orgueilleux,

Mais d'autant que ces Peuples Orientaux, écrivoient, & imprimoient, (car ils ont aussi inventé l'Imprimerie) comme ils font encor, de droit à gauche, ce qui procede sans doute, de ce qu'ils écrivoient avec la main gauche ; autrement leur main cacheroit à leurs yeux leur écriture, ce qui n'arrive pas aux peuples de l'Europe, qui se servent de la main droite, pour escrire de gauche à droit, comme ils font; ainsi ces peuples de l'Orient, ont fait aller leur Aritmetique, c'est à dire, les chiffres qui la composent, du costé droit, vers le gauche; de la mesme façon que leur écriture, & leurs lignes, & ceux, qui l'avoient apprise en ces pays-là, l'ont enseignée dans ceux-cy, de la façon qu'ils la sçavoient, n'ayant pas pris garde que les peuples de l'Europe n'escrivoient pas comme ces peuples-là, ou bien ils ne pouvoient pas aisement la tourner, & la renverser, ainsi qu'il eust fallu faire, pour la mettre icy dans son sens naturel, & sa veritable situation, ce qui n'estoit pas pourtant bien difficile, car il estoit presque aussi aisé de la reduire a nostre usage, & façon d'écrire, comme on a fait l'Impression, qui a pareillement esté apportée, & introduite en Europe pendant ces derniers siecles, car bien que dans les lieux où l'Imprimerie a esté inventée, on imprime de droit à gauche, neantmoins comme nous n'escrivons pas ainsi, nous n'imprimons pas aussi de la mesme façon.

De sorte que si on disposoit icy les chiffres, de la façon qu'ils ont esté inventez, & qui est la veritable & la droite, c'est à dire qu'on commençast par les nombres, & ensuite par les dixaines, centaines, mille, & ainsi des autres nombres, l'Aritmetique seroit bien plus aisée à apprendre, & à retenir, & à nommer sans hesiter, ny retarder le cours de la lecture, les nombres qu'on rencontre dans l'écriture, soit imprimée, ou à la main, ce qu'on ne fait pas, & qu'on ne peut faire presentement avec facilité; car quand on rencontre, en lisant, quatre, cinq, ou six chiffres, ou davantage, il faut s'arrester tout court, & conter le nombre des chiffres à rebours, avant que de prononcer le nombre qui est écrit, & bien souvent on on passe par dessus, & mesme on ne le prononce pas, ne faisant que dire, tant de livres, d'escus, ou d'hommes, ou autres choses semblables, sans le dire au juste, pour ne pas interrompre le cours de la lecture. Par exemple, s'il y avoit dix-neuf mille huit cens soixante & cinq livres 19865. livres, de la façon que ie propose, on écriroit 56891. livr. & on diroit cinq soixante & huit cens, neuf & dix mille livres.

On éviteroit encor par ce moyen, plusieurs difficultez & absurditez mesme, qui se rencontrent en parlant, par exemple, sçavoir, s'il faut dire, il a vingt & vn cheval, ou vingt & vn chevaux, cent & vn an, ou cent & vn ans, & autres choses semblables; car de quelque façon qu'on les exprime, cela semble choquer la raison, ou les regles de la Grammaire, & d'effet, de dire vingt & vn cheval, cent & vn an, il n'y a pas d'apparence de mettre vn nom singulier, apres vn nombre plurier, & il semble qu'on ne parle que d'vn seul, & specialement, si on y adjouste vn nom adjectif, par exemple, si on dit, en parlant de quelqu'vn, il a dans son écurie vingt & vn beau cheval, ou bien il a vescu cent & vn an entier, il semble d'abord qu'il n'a qu'vn beau cheval, & ainsi des autres, & neantmoins on veut dire, que tous ces chevaux, au nombre de vingt & vn, sont beaux, & que les ans, au nombre de cent & vn, sont entiers, c'est la mesme chose des autres nombres où l'on en adjouste vn, apres vn plus grand, soit dixiéme, centeine mille; & si on dit, vingt & vn chevaux, cent & vn an, il semble qu'il n'y a pas apparence, de mettre vn nombre plurier, immediatement apres vn qui est vn nombre singulier, & neantmoins il faut exprimer cela de l'une, ou de l'autre façon, à moins que de prendre vn détour, qui est ennuyeux & incommode, en disant ainsi, ou de quelque autre façon, il a des chevaux en son écurie, au nombre de vingt & vn, qui sont beaux; & au contraire, si on se servoit de l'Aritmetique droite, que ie propose, cela ne fairoit pas de peine, & on parleroit correctement, en disant, vn & vingt chevaux, deux & vingt chevaux, trois & vingt chevaux, quatre & vingt chevaux, vn & cent ans, bons, mauvais, ou entiers, ainsi qu'on voudroit, & cette façon de parler ne sembleroit pas étrange, si on y estoit accoustumé, de mesme qu'on dit ordinairement soixante & dix, quatre-vingt, quatre-vingt dix, quatre-vingt dix sept, quatre-vingt-dix huit, six vingt, sept vingt, douze vingt, quinze vingt, les quinze-vingt Aveugles de Paris, au lieu de trois cent, qui sont d'étranges expressions, & bien contraires à la nature de l'Aritmetique, & si on écrivoit ces nombres-là, de la façon qu'on les prononce, comme font ceux qui ne sçavent pas l'Aritmetique, & qui ne connoissent seulement que les chyfres, on en mettroit quatre, ou cinq, qui composeroient vn bien plus grand nombre, que celuy qu'on voudroit exprimer, par exemple, si on écrivoit en chyfre, quatre-vingt-dix huit, de la façon qu'on le prononce, on mettroit 4. 20. 18. lesquels chyfres fairoient ensemble, quarante & deux mille dix huit, & de l'autre façon, on mettroit 89. & on diroit huit & nonante, où il n'y auroit point d'embaras ny de confusion, & pour cét effet, il faudroit reprendre l'ancien vsage de parler, & dire septante, octante, & nonante.

Il est vray que cela causeroit d'abord quelque confusion, mais ce seroit peu de chose, si on la comparoit aux grandes vtilitez, qui en proviendroient, cette Aritmetique droite estant plus aisée à comprendre, & à se la remettre en memoire, qu'elle n'est pas presentement, car ceux qui l'apprennent, ne la comprennent pas, ou ne le font qu'avec difficulté, & l'oublient bien viste, mesme que ceux, qui la sçavent à present, n'auroient pas bien de la peine, à l'apprendre de l'autre façon, car il ne faut que la renverser, c'est à dire mettre au commencement les nombres, qu'on met à la fin, sans changer autre chose dans la regle, ny dans les preuves, & ceux qui ne sçavent pas l'Aritmetique, cela ne leur fairoit aucune peine, de l'apprendre de la façon que ie propose, il ne faudroit que les advertir, que l'Aritmetique avant vn tel temps, commençoit d'vne façon contraire à celle qui leur seroit enseignée, de mesme que si quelqu'vn lisoit quelques livres Arabes, Chinois ou Hebreux, ou de quelques autres pays qui se servent de l'Aritmetique droite, ayant esté âvertis, qu'il faut commencer par les nombres, & de la mesme façon que leur écriture est posée, ils comprennent aisement, tant leur écriture que leur Aritmetique.

Enfin quand cette Aritmetique droite, que i'établie, fairoit quelque confusion, elle ne seroit pas de consequence, puisque personne n'y seroit point interessé, & n'en souffriroit aucune perte, ce qui n'arrive pas tousiours dans les autres changemens, & specialement dans les Loix, & les coustumes, où les particuliers ont de la peine à s'habituer, & souvent ils y sont trompez, ce qui a fait dire pour maxime de Droit, qu'il estoit dangereux dans vn Etat de changer de loix, neantmoins l'utilité publique est preferable à l'interest de quelques particuliers, comme il arriva lors de la reformation du Calendrier Julien sous le Pape Gregoire, où l'on retrancha dix iours d'vn des mois de l'année, afin de remettre les saisons dans leur veritable temps, ce qui est si vtile que tous les peuples de l'Europe, & peut-être du monde, le suivent presentement, à la reserve de quelques Heretiques, lesquels ayment mieux demeurer dans leurs erreurs, que de se servir d'vn bien qui part de la main d'vn Pape, qu'ils considerent comme leur ennemy, & s'ils croupissent toûjours dans leur erreur, il se trouvera, si le monde dure assez, que leurs saisons seront renversées, & confuses, aussi bien que leur religion, car ils auront l'hyver dans le printemps, & mesme dans l'esté.

Les Romains dans leurs chyfres, dont nous nous servons encor presentement, specialement dans les finances, ont vn peu évité cette confusion, que cause cette Aritmetique renversée, se servant de lettres & de caracteres qui signifient les nombres, par exemple, une M, signifie mil, vn C, cent, vne L, cinquante vn V, cinq, & ainsi des autres, de sorte qu'en lisant, on peut nommer les sommes qui se rencontrent, & le nombre marqué par les caracteres, & s'ils l'expriment tout au long, ils évitent bien dans leurs phrases & façons de parler, cette difficulté de vingt & vn cheval, ou chevaux, & autres choses semblables, dont nous avons parlé cy-devant, comme il est aisé de voir à ceux qui sçavent leur langage, qui est le Latin.

Ie ne veux pourtant pas, cõme on dit, en faire de ma teste massuë, ny mesme suivre ce que ie propose, à moins qu'il ne soit authorisé par quelque declaration de nôtre Auguste Monarque, de peur de passer pour irregulier, & âheurté à mes sentimens, ie propose seulement cette Aritmetique droite, afin de la rendre aussi facile à concevoir, & à comprendre, qu'elle l'est dans sa source, & dans son principe, laissant la liberté à tout le monde de vivre, & mourir dans son ancienne habitude, & de souffrir patiemment les maux, & les desordres, que l'Aritmetique, dont on se sert presentement, peut causer, & ie puis dire en cette occasion, ce que fait une femme en colere chez un des Poëtes Latins :

- - - - Video meliora, proboque,
- - deteriora sequor.

CHAPITRE IV.

MOYEN FACILE D'APPRENDRE les Langues, & les Sciences

CE seroit, ce me semble, presque inutilement que Dieu Autheur de la nature, auroit donné à l'homme une ame raisonnable, s'il n'en cultivoit les puissances, & les facultez, car si tout le monde en faisoit, comme font les Sauvages, nostre condition ne seroit gueres plus âvantageuse, que celle des bestes brutes, des oyseaux, & des poissons ; ainsi ce n'est pas assez à l'homme, d'avoir esté formé à l'image de Dieu, s'il ne faisoit son possible, pour rendre son ame plus éclairée, & plus scavante, qu'elle ne seroit pas, si elle demeuroit tousiours ensevelie dans l'ignorance, & dans une lasche oysiveté, & il ne doit pas suffire aux peres, & meres, d'avoir engendré leurs enfans, par les voyes ordinaires de la nature, si par apres ils les negligeoient, & laissoient leur esprit, sans le cultiver, comme s'il étoit renfermé dans une bouteille, ou dans une étroite prison : ce que ie dis icy, ou diray cy-apres des enfans, i'y comprends aussi bien les filles comme les garçons, car elles sont aussi propres, à mon âvis, que les masles, à comprendre, & à retenir, ce qu'on voudra leur monstrer, & d'effet elles ont l'esprit vif, & penetrant, &

ont beaucoup d'adresse, pour apprendre les Arts, & les Sciences, & c'est sans doute leur faire une grande injustice, de les laisser dans l'ignorance, & ne leur point enseigner les bonnes lettres, pour dompter leurs passions; & on en voit beaucoup, qui font d'elles-mesmes, d'aussi bons vers, & des exploits aussi genereux, & d'aussi grands progrez dans toutes sortes d'Arts, & de Sciences, que les hommes, qu'on a bien pris de la peine, & qui ont bien cousté à instruire.

Il est vray, que tout le monde ne peut pas estre sçavant, soit à cause des indispositions, & defauts de nature, ou qui ont esté causez par de fascheux accidens, mesme qu'il y en a beaucoup, qui n'ont pas l'esprit porté à l'estude, & quoy qu'on y puisse faire, on ne peut presque leur apprendre aucune chose, de sorte que c'est perdre son temps, & sa peine de croire, qu'on en fera de grands docteurs, & il seroit plus à propos, de les mettre dans une autre profession, comme du commerce, ou de les envoyer à la guerre, s'ils y sont propres, que de les faire aller à l'écolle, souvent contre leur inclination.

Enfin ie ne voudrois faire bien étudier, que ceux qui ont de l'esprit, & qui s'appliquent serieusement à l'étude, & pour les rendre sçavans, en user ainsi; sçavoir, faire apprendre aux enfans dés leurs plus tendres années, à lire & à écrire, soit de la façon que nous avons cy-devant dit, ou autrement, comme on fait ordinairement, & leur faire apprendre l'Aritmetique, ou du moins les premieres regles, & dont les autres dépendent, & leur donner quelque teinture de la langue Latine, & sur tout exercer leur memoire, & leur en former une artificielle, & les faire expliquer, ou deviner de petites enigmes, ou questions, & principalement d'Aritmetique, par exemple, deviner un nombre, qu'un autre aura pensé, & autres choses de pareille nature, les faire joüer à des jeux sçavans, & qui apprennent quelques sciences, qu'on a inventez depuis peu, & dont i'en avois projetté quelques uns, & que ie pensois donner au public en 1660. comme faisant partie du moyen, que ie proposé en ce temps-là, d'apprendre facilement les Langues, & les Sciences, par exemple, les jeux du Blason, de la Sphere, de la Geographie, & autres semblables, qui sont mesme plus recreatifs, que les jeux des cartes, des dez, ou du tric-trac, & autres, où l'on joüe presentement, & ainsi ils apprendroient, en joüant, & se divertissant dans leurs recreations, ces sortes de Sciences, sous l'espoir du profit, & de la victoire; & à proportion qu'ils deviendroient plus sçavans, on leur apprendroit des jeux, c'est à dire, des Sciences plus difficiles, par exemple, faire un ieu semblable aux échets, & au lieu des Rois, des Reines, des Chevaliers, des foux, des tours, & des pions, on se serviroit du Soleil, de la Lune, de Saturne, & de sa Luné, de Iupiter, de Mars, Venus, Mercure, & des étoilles, & disposer le jeu en l'un, & l'autre Hemisphere, & y mettre les quatre angles du Ciel, y observer les divers systemes, & y décrire les douze signes du Zodiaque, les douze Maisons du Ciel, les exaltations, & depressions, ou exils des Planettes, leur lever, & coucher, ainsi que des principales estoilles, & les cercles de la sphere, & les climats de la terre, & autres choses semblables, qu'on reduiroit en loix, & en regles, ainsi que ie l'ay medité, & que ie pouray décrire ailleurs.

Car les enfans aiment naturellement le ieu, & le divertissement, plus qu'aucune chose qu'on leur puisse proposer, & ainsi en ioüant, ils se trouveroient heureusement sçavans, mais sur tout, il faudroit faire en sorte, que ces jeux-là, ne les fatigassent pas, & ne leur fissent pas rebuter ces sortes de Sciences, qu'on voudroit leur faire apprendre, au contraire ces ieux doivent recréer leur esprit, & on doit les y attirer par un espoir du prix, qui leur sera promis, & donné, s'ils l'ont gaigné.

Quand on verra, qu'un enfant aura quelque teinture dans les Arts, & les Sciences, au moyen des ieux, dont nous avons parlé, & des instructions qu'on luy aura données, & qu'il aura l'esprit un peu plus solide, & un âge plus âvancé, il faudra l'appliquer serieusement à l'étude, & luy faire apprendre parfaitement sa langue maternelle par les regles, comme si on vouloit luy enseigner la langue Latine, la Greque, ou quelque langue étrangere, & par apres luy enseigner la Rethorique, la Philosophie, ou du moins la Logique, en cette mesme langue naturelle, & sur tout, luy faire concevoir la signification, & l'energie des mots, & des termes de chaque Art, & Science, qu'on luy montrera, afin qu'il apprenne ce qu'il dira, & qu'on luy aura enseigné, & ainsi il n'aura pas de peine à apprendre, & à retenir ce qu'il lira, ou entendra, car il sçaura desia parler, & il retiendra mieux ce qui luy sera enseigné, que ne fait pas celuy, à qui on montre le Latin, ou le Grec, ou quelques Sciences en ces Langues-là, parce que souvent il n'y entend rien, & l'oublie aussi tost qu'il l'a appris, ne se servant pas ordinairement de ce langage-là, dans la conversation, qu'il a avec ceux qu'il communique, & avec lesquels il frequente, & cela faira aussi, pour peu qu'il ait étudié, qu'il parlera parfaitement sa langue naturelle, ce que ne font pas ordinairement de grands Docteurs, lesquels, lors qu'ils étudioient, ou enseignoient publiquement, parloient fort bien Latin, ou Grec, & neantmoins

moins ils l'oublient aiſément, quand ils quittent de profeſſer, en ſorte que par apres ils heſitent ſouvent, quand ils le veulent parler, & il s'en voit beaucoup, qui parlent fort mal, leur langue maternelle, ſoit dans l'accent, ou dans les termes, & on diroit, à les entendre parler, qu'ils ne ſeroient pas de grands docteurs, mais ſeulement quelques novices.

Ainſi il eſt aiſé de voir, qu'un enfant, pour peu qu'il ait d'eſprit, & d'inclination à l'eſtude, apprendra en fort peu de temps, à bien parler ſa langue, par exemple, nous autres François, la langue de France; car comme nous avons dit, il la ſçait deſia, & l'a ſuccée avec le lait de ſa nourice, & il ne faut, que l'y rendre plus parfait, ce qu'on faira aiſement, au moyen des regles, & des obſervations, qu'on luy aura enſeignées.

Et d'effet il n'y a rien de ſi aiſé, que d'apprendre à un enfant les articles, dont les François ſe ſervent, pour exprimer les genres, & les cas des noms ſinguliers, & pluriers, le, pour le genre maſculin, & la, pour le feminin, & les perſonnes des verbes, ie, tu, il, nous, vous, ils, & les verbes auxiliaires, eſtre, & avoir, que nous mettons avant les autres; il eſt fort facile auſſi; de luy faire concevoir, en ſa langue, ce que c'eſt que d'un nom, d'un verbe, d'un cas, d'une perſonne, d'un nombre, d'un temps, & autres choſes, car comme i'ay dit, cela luy eſt naturel, & il ne faut que le cultiver, & le polir, eſtant conſtant, que les noms ne ſignifient, que ce qu'on a voulu, & c'eſt d'où vient la diverſité des Langues, car ſi les noms ſignifioient par tout, la meſme choſe, il n'y auroit qu'une ſeule Langue au monde, mais la diverſité des noms, & la differente façon de les decliner, ou coniuguer, a fait cette confuſion, & cette diverſité des Langues, qui se rencontre dans les nations differentes, & les peuples étrangers, & specialement dans les langues vivantes, qui changent incessamment, ce que ne font pas les langues, qu'on appelle mortes, car elles ne changent plus, comme nous voyons dans la langue Latine, la Greque, l'Hebraïque, & autres, qui demeurent presentement dans un mesme état.

Quand un enfant sçaura bien parler, & comprendre sa langue maternelle, au moyen des regles, & des instructions, qui luy auront esté donnez, il poura, par ce mesme moyen, apprendre les Arts, & les Sciences, comme la Rethorique, la Logique, la Morale, la Phisique, l'Astrologie, la Iurisprudence, la Medecine, mesme la Theologie, & autres, où il voudra s'addonner, & qu'on luy enseignera, ce qui n'arrive pas toûjours à ceux, ausquels on montre la langue Latine, ou la Greque, ou quelque langue étrangere, car ils ne les apprennent qu'avec peine, & souvent sans les concevoir, & comme par memoire, ainsi que des oyseaux, ausquels on apprend à prononcer quelques mots, ce qu'ils font, sans sçavoir ce qu'ils disent, & sans le comprendre, qui est cause, que les écoliers oublient bien tost ce qu'ils ont appris, avec bien du temps, des frais, & de la peine.

Vn écolier sçachant ainsi parler sa langue, par les regles, & les principes, il n'aura pas beaucoup de peine à apprendre la Latine, la Greque, ou telle aûtre qu'il voudra, ou qui luy sera enseignée, en faisant agir sa memoire, soit naturelle, ou qu'elle soit aydée de l'artificielle, pour apprendre les noms, les verbes, & autres parties de l'oraison, faisant agir son entendement, ou raisonnement, pour voir la ressemblance, ou difference qu'il y a entre la façon de decliner les noms, & conjuguer les verbes de la langue, qu'il veut apprendre, & de celle qu'il ſçait deſia, & en la tournant en celle qu'il ſe ſera propoſée, ce qu'il faira fort aiſement, comme il ſe voit par experience, en ceux qui ont appris, & compris le Latin par les regles, comme on l'enſeigne, car ils apprennent aiſement, & bien viſte, telles autres langues qu'ils veulent, ſoit qu'elles ſoient dérivées du Latin, comme le François l'Eſpagnol, & l'Italien, ou qu'elles ne le ſoient pas, comme l'Alleman, l'Anglois, ou autres.

Il poura auſſi, & de la meſme façon, apprendre la Rethorique, Logique, Phiſique, Morale, & autres Sciences, en telle autre langue qu'il voudra, car il ne faudra que s'y appliquer ſerieuſement, & remarquer en quoy elles reſſemblent ou different, ſoit dans les termes, ou façons de parler, à ce qu'il aura appris dans ſa langue naturelle, car quoy qu'il ſemble, par exemple, que la Rethorique, qui eſt l'Art de bien dire, afin de perſuader, doive eſtre en toutes ſortes de nations, la meſme choſe, neantmoins, comme on peut ſe ſervir de divers moyens, pour arriver à un meſme but, & à une meſme fin, toutes ſortes de nations n'en uſent pas regulierement d'une meſme façon, quelques peuples ayant plus de vivacité, ou delicateſſe, dans leurs façons de parler, que les autres, & ſe ſeroit, pour ainſi dire, donner un habit étranger à leur langage, ſi on les faiſoit parler de la façon, qu'on fait dans un autre pays, & afin de n'aller pas chercher des exemples plus loin, celuy-là ne parleroit pas bien Latin, s'il tournoit du François en Latin, mot pour mot, car quoy que le François fuſt fort bon, & que les mots latins fuſſent bons auſſi, neantmoins ce latin-là ne ſeroit pas élegant, le François mettant ordinairement le nom apres le verbe qui le regit, & le Latin fait le contraire, & ſe ſert auſſi d'autres termes, qui ſont plus courts, & plus énergiques que ceux, dont nous nous servons, il en est de mesme, des autres langues, qui ont des expressions & façons de parler des temps & des nombres differens, les uns des autres; les verbes Grecs ont trois nombres, le singulier, le duel, & le plurier, & les Latins, François, Jtaliens, & Espagnols, nont point de duel, ils ont aussi des aoristes, & les Latins n'en ont point, les Latins n'ont qu'un preterit parfait à l'indicatif. & les François & Espagnols en ont deux, un defini, & l'autre indefini, i'aimé, tu aimas, il aima, i'ay aimé, tu as aimé, il a aimé, & ainsi des autres, ou celuy qui voudra apprendre une autre langue, que celle qu'il sçait par les regles, doit prendre garde.

Ceux qui auroient plusieurs enfans, ou qui en seroient tuteurs, & qui voudroient leur faire apprendre des professions differentes, comme en faire de Ecclesiastiques, des Officiers de Judicature, des Medecins, ou autres sortes de vacations, devroient faire ce dessein-là, dés, ou immediatement apres la naissance de chaque enfant, & les faire élever tousiours en cette idée-là, & faire ensorte qu'ils s'y pleussent, & qu'ils y eussent de l'inclination; & quand ils seroient capables de la comprendre, il faudroit leur augmenter l'envie d'y parvenir & leur faire lire, & mesme leur faire apprendre par memoire, les livres qui en contiennent les principes, en leur langue maternelle, par exemple, il faudra faire apprendre, à celuy qu'on destinera, pour estre Officier de Judicature, les Ordonnances de nos Rois, & la Coustume de la Province, d'où il sera originaire, & où l'on voudra qu'il exerce, & par apres luy faire lire, & concevoir les Jnstiturs de Justinien, les paratitles du Droit, la Conference des Ordonnances, & autres livres; & à celuy qu'on voudra faire exercer la Medecine, il faudra luy faire apprendre, les Aphorismes d'Hypocrates, & autres livres, qui traitent de cette Science-là, il faudra aussi leur enseigner la Rethorique, la Logique, & autres Sciences, & leur donner quelque teinture de l'histoire, car cela est propre, & commun à toutes sortes de professions.

Cette façon d'instruire des enfans, ne causeroit, que de bons effets, & bien meilleurs, que ceux qui sont produits, par la methode qu'on tient presentement dans les colleges ; & d'effet, nous voyons qu'on ne fait point étudier les enfans au Droit, par exemple, que lors, qu'ils ont fait leurs cours de Philosophie, qui est environ la vingtiéme année de leur âge, où ils prennent quelque traité du droit Romain, quoy qu'il ne soit point suivi en France, que dans un fort petit pays, & on ne leur parlera presque pas de l'Ordonnance, & de la Coustume, & pas un mot de pratique, ny du stile de proceder, & quand la pluspart ont fait six mois de cette étude-là, où bien souvent ils n'y ont rien compris, ils veulent se marier âvantageusement, & pour cét effet, ils achetent bien cher quelque Charge de Judicature, & s'incommodent, ou leurs peres, pour la payer, ou faire l'interest des prix convenus : ce qui est cause, qu'ayant acheté la Justice en gros, pour ainsi dire, bien cher, s'estans vn peu stilez à s'exercer avec le temps, ils la revendent en détail, encor davantage, à ceux qui en ont besoin, argent content, ou par presens, ou par le moyen de Benefices, qu'ils font avoir à leurs enfans.

Et quoy que, par la methode que i'ay proposée, on ne puisse pas éviter tous ces desordres-là, on pouroit du moins faire en sorte, que ceux qui possedent de pareilles Charges, sçauroient quelque peu de Droit,

& mesme de pratique, où ils pouroient par apres s'instruire d'eux-mêmes, en lisant les livres qui en traitent.

Il arrive aussi presentement la même chose, à ceux qui veulent être Prestres, lesquels, quoy qu'ils soient bons Philosophes, & mesme qu'ils ayent eu quelque traité de Theologie, ils ne sçavent pourtant bien souvent, que fort peu de chose dans les Sacremens, & principaux points, & Mysteres de nostre Religion, d'où vient qu'on en refuse beaucoup, quand ils se presentent pour avoir les Ordres sacrez, quoy que d'ailleurs ils soient bons humanistes.

J'advoüe, que, quand on est bon Philosophe, on peut aisement apprendre les autres Sciences, mais il est certain, que tous ceux qui ont étudié, & fait leur cours de Philosophie, ne sont pas bons Philosophes, mesme que les autres Sciences, sont d'une autre nature, car en Philosophie, on peut avoir, & mesme se former, & soûtenir des opinions sur divers sujets, telles qu'on voudra; mais pour le Droit, la Theologie, & la Medecine, il n'en va pas de mesme, car il faut s'attacher à suivre la lettre, & les sentimens des bons Autheurs, en telle sorte, qu'il faut avoir, pour ainsi dire, la loy, ou l'authorité en la main, pour appuyer son opinion, & si on faisoit autrement, on tomberoit bien tost dans l'heresie, & dans l'erreur, & pour ne sortir point de l'espece d'une de ces Sciences-là, on peut dire que l'Art de les apprendre est bien long, & bien difficile, car il faut presque le faire par memoire, & que nôtre vie est bien courte, pour un si grand dessein, *Vita breuis, Ars verò longa.*

J'avois fait dessein, & mesme promis de traiter de la Langue, & de l'Ecriture universelle, mais comme i'ay fait reflection, que ce seroit une chose presque inutile, attendu que toutes les nations de la terre, ne voudroient pas suivre, ny s'assujetir à ce que ie pourois en dire, ie ne crois pas m'y devoir appliquer, veu mesme que la langue, & l'écriture Latine peut faire le mesme effet, étant presentement en vsage par toute la terre habitée, ainsi celuy, qui la sçaura, peut aller par tout, & trouver des personnes qui l'entendront, & avec lesquels, il pourra conferer, & converser, ce qui n'estoit pas encor, pendant que l'Empire Romain fleurissoit, comme on peut voir dans l'Oraison, que Ciceron a faite pour le Poëte Archias, lequel avoit écrit l'Histoire Romaine en Grec, qui étoit en ce temps-là, autant en vsage par tout le monde, comme est presentement le Latin.

CHAPITRE V.

L'ART DES NOVVELLES INVENTIONS.

POur s'appliquer serieusement à cét Art, & trouver quelque chose de soy, il faut avoir les conditions, ou qualitez, dont nous avons cy-devant parlé, sçavoir, lire, & écrire, & l'Aritmetique, avoir l'esprit vif, tant à concevoir, qu'entendre ce qu'on voudra, & une grande memoire, & s'appliquer à faire tousiours quelque chose de soy.

Et d'autant que la Poësie, qu'on dit, estre le langage des Dieux, ouvre beaucoup l'esprit, il faut s'y addonner à bon escient, & il seroit à souhaiter, que cette application-là procedât d'un instinct, ou inclinatiō naturelle, & se plaire à lire les Poëtes, & à faire des vers, sur toutes sortes de sujets, & principalement des Epigrammes, Epitaphes, Anagrammes, & autres sortes de poësies, où il y a de la vivacité d'esprit, des pointes, & de bonnes rencontres; il faut faire, & expliquer des énigmes, locogrifes, rebus, emblémes, fables, & autres choses semblables, car bien qu'elles paroissent de peu de consequence, elles peuvent pourtant beaucoup servir à conduire, & arriver à des connoissances hautes, & serieuses; il faut s'appliquer à comprendre des caracteres hierogliphiques, & à déchiffrer des écritures de caracteres, & marques contrefaites, & supposées, & generalement à tout ce qu'il y a de rare, de curieux, & de difficile, & en faire, pour ainsi dire, son pain quotidien, il faut aussi sçavoir du moins, & en tant, que faire se poura, les principes des Sciences, comme de Rethorique, Logique, Physique, Morale, Theologie, Art militaire, Astrologie, Geometrie, Optique, Fortification, Musique, Peinture, & autres parties des Mathematiques; il seroit bon aussi d'avoir quelque teinture de la Jurisprudence, de la Medecine, & de la Chimie; il faut sçavoir plusieurs sortes de ieux, mesme celuy de la paûme, & autres Arts, & exercice du corps, comme la dance, faire des armes, monter à cheval, aller à la chasse, tirer en volant, & en courant, & mesme dans l'eau, & joüer de plusieurs sortes d'instrumens, & autres choses semblables, & avoir une grande facilité pour les apprendre.

Quand on voit des enigmes peintes, ou décrites, soit en vers, ou en prose, il faut trouver un sens sur chacune, avant que de voir le veritable, ou l'apprendre des assistans, ou du livre qui l'enseigne, & si on n'a pas rencontré le veritable, il faut concilier celuy qu'on aura trouvé, avec l'autre, & examiner lequel des deux, sera le meilleur, se rencontrant souvent plusieurs bons sens sur une mesme enigme.

Avant que lire un livre, qui traitera de quelque matiere

matiere rare, & curieuse, & qu'on n'aura point encor veüe, il faudra faire une sommaire reflection, de ce qu'on pouroit dire, si on avoit entrepris d'en parler, ou d'en écrire, par où l'on commenceroit, quelles definitions, & divisions de l'ouvrage, & quelles preuves on en fairoit, quelles objections on pouroit apporter contre, & quelle solution on y pouroit donner, & par apres lire ce livre, & voir, si on seroit du mesme sentiment de l'Autheur, ou en quoy on seroit different, & si on trouve, que l'opinion de l'Autheur fût meilleure que la sienne, il faudra s'y rendre, autrement on la refutera en soy-mesme, & on se fortifiera en sa propre opinion.

A tous les chapitres, ou à tous les articles, preuves, demonstrations, objections, & solutions de cét Autheur, il faut toûiours prevenir son sentiment, en voyant le titre, & le lisant, & établir sa proposition, ou definition, & apres voir ce que dira cét Autheur, & avant que de lire ses preuves, il faut former les siennes particulieres, & puis les conferer les unes aux autres, & voir si l'on en pouroit apporter d'autres plus fortes, & des raisons plus solides, ou faire des demonstrations plus courtes, & plus nettes que les siennes, & enfin prevenir les objections & mesme les solutions, & concilier toûjours les unes aux autres, comme nous avons dit, apres les avoir veües, & examinées ; mais cela se doit faire si viste, qu'il ne faut presque pas retarder le cours de la lecture, & laquelle on peut aussi faire mentalement, & sans articuler sa voix, ou prononcer les paroles, faisant seulement couler la veüe sur l'écriture, par ce qu'on y va bien plus viste, à moins que ce ne soit quelque matiere difficile à apprendre, & qui merite vne plus grande attention, quoy qu'il en soit, il faut toûjours entendre &

concevoir ce qu'on lira, avant que de passer plus outre, mesme qu'il est fort utile de faire des extraits des livres qu'on lit, & en tirer le suc, ou la substance, & ce qu'on y trouvera de beau, & de bon.

Il faut se donner tout entier à ce qu'on se sera proposé de chercher, & ne quitter point son dessein, qu'on ne l'ait emporté, quand on y devroit passer les nuits entieres, sans dormir, & mesme s'abstenir de boire, & manger à ses repas ordinaires, comme il arrive quelques fois, quand on y est engagé, sans mesme qu'on en puisse détourner sa pensée, que l'on ne l'ait emporté, ce qui alors, cause vne grande satisfaction, & recrée admirablement l'esprit.

Et pour trouver plus facilement ce qu'on aura proieté de chercher, & se rendre plus expert, dans l'Art des Nouvelles Jnventions, & specialement, quand on embrasse des matieres differentes, il faut sçavoir l'Aritmetique en telle sorte, qu'on se puisse servir, du moins des premieres regles, & de celle de troye, iour & nuit, & allant par la campagne, sans la plume, ou les jettons, mais seulement, faire les regles dans son imagination, afin de faire les preuves & demonstrations, don on aura besoin, & reconnoistre la verité, ou l'erreur de ce qu'on se sera proposé quelques-fois, comme vne chose vraye, & par ce moyen, on poura se rendre l'Aritmetique familiere, qui sera desia vn grand point, cette science-là étant la clef & le principe, (comme nous avons dit,) des autres belles Sciences, les mains, les doigts, & leurs jointures, peuvent servir, pour faire des regles d'Aritmetique en sa pensée, ainsi que pour la memoire artificielle, soit pour retenir plusieurs noms, ou les principaux points d'une harangue, plaidoyer, ou sermon, specialement si on feint quelques mots, comme s'ils étoient attachez aux bouts des doigts, aux jointures, & lignes, & aux montagnes des planettes, de la mesme façõ qu'on met des syllabes sur la main, qui sert à apprendre, à chanter, i'en ferois la demonstration, si i'avois entrepris d'en faire icy quelques vnes, car ces mots-là soulagent la memoire, en considerant que ce qu'on dit, en approche, ou s'en éloigne, & en quoy il est semblable, ou different.

Il faut se former de nouveaux systemes, & principes generaux, & s'accoûtumer de les appliquer à des sujets particuliers, & ne pas s'attacher, comme par une espece d'esclavage, à suivre aveuglement, les opinions de quelques Autheurs, pour bons, que la commune voix les puisse juger, au contraire, il est bon pour nostre dessein, qui est de trouver quelque chose de nouveau, de s'attacher de propos deliberé, à refuter tout ce qu'ils ont dit, & soûtenir ouvertement le party contraire, du moins en la pensée, & pour sa propre satisfaction, quand on n'en devroit rien mettre au iour, & que ce ne seroit que des illusions, & des paradoxes, car il se pouroit quelques-fois faire, qu'on auroit bien rencontré, & que cela pouroit servir a découvrir quelque chose de bon, & de beau, à quoy mesme on n'auroit pas pensé d'abord.

Ces choses estant ainsi pratiquées, & ayant connoissance de plusieurs Arts, & Sciences, il arrivera souvent qu'on trouvera de fort belles raisons, demonstrations, & secrets de la derniere importance, mesme sans qu'on les cherche beaucoup, se venant offrir, presque d'eux-mesmes, quand bien on en voudroit trouver d'autres, par exemple, on cherchera de propos deliberé un remede, ou secret dans la Medecine, & on en trouvera tout d'un coup, un autre dans l'Astrologie, ou dans l'agriculture, mesme qu'il arrive, quoy que rarement, qu'on en trouve en dormant, &

révant, qu'on rendra plus parfaits, par apres; & d'autresfois on appuyra une pensée, & on croira, que la demonstration qu'on pretend en faire, est veritable, & fondée sur une raison, qui semble certaine, & évidente, & quand on en faira l'experience, il se trouvera tout le contraire, de ce qu'on auroit projetté, qui est souvent plus beau, & plus utile, que ce qu'on avoit cherché; ainsi en matiere de Nouvelles Inventions, il n'en faut pas tant croire la raison, pour bonne, ou solide qu'elle semble estre, que l'experience, qui est la mere de la Science, & de la verité; ie donnerois des exemples des secrets, que i'ay trouvez, presque sans y penser, si cela faisoit quelque chose à nostre sujet, & qu'il ne prevint pas la description, que j'en pouray faire en leur lieu.

Il est arrivé aussi, que ceux qui se sont appliquez, à chercher des secrets, en ont trouvé, comme par cas fortuit, & par des accidens presque impreveus, & dont ils ne se seroient iamais advisez, s'ils ne s'estoient offerts librement à leurs yeux, tesmoin ce qui arriva à cét illustre, & ingenieux Autheur Archimede, estant dans le bain, lequel considerant, que l'eau haussoit, à proportion qu'il s'y plongeoit, & diminüoit, à mesure qu'il en sortoit, il fit reflection, que plus un corps étoit pesant, & solide, il occupoit une moindre place dans l'eau, qu'un autre plus étendu d'une égale pesanteur, & que partant l'or estant le plus solide, & le plus pesant de tous les metaux, il devoit tenir une moindre place dans l'eau, que les autres; ce qui luy fit iuger, que si cette fameuse Couronne d'or massif, que Hiero Roy de Syracuse, avoit fait faire, pour offrir à ses Dieux, en action de grace, d'une victoire signalée qu'il avoit remportée sur ses énemis, estoit toute d'or pur, comme elle devoit estre, & sans meslange d'autres metaux, elle ne devoit pas occuper plus de place dans l'eau, que pouvoit faire autant pesant d'or, & dont il fut tellement transporté de ioye, qu'il courut nud en chemise au Palais Royal, criant qu'il avoit trouvé, & ayant fait l'essay, ou experience de son invention, il fit voir que l'Orfévre y avoit meslé d'autre metail, comme l'histoire, qui en est fort triviale, nous l'apprend, & de laquelle demonstration on se sert encor presentement, pour faire de semblables experiences, quoy qu'on le puisse faire d'une autre façon, que i'ay inventée, & que ie proposé à feu Monseigneur Seguier Chancelier de France, il y a douze, ou treize ans, & que ie pouray donner au public une autre fois, qui est plus facile que celle-là.

Nous avons aussi veu ces dernieres annnées, que Mr. Pecquet a trouvé par hazard, & par apres, prouvé par experience, que le chile estoit porté au cœur, par des vaisseaux, quon appelle de son nom, où il estoit converty en sang, & ensuite, il a fait la demonstration de la circulation du sang, ainsi qu'il est contenu dans le livre, qu'il en a mis au iour, où l'on le poura voir plus amplement, & où ie renvoye le Lecteur, de peur qu'on ne dise, que ie ne vueille composer un livre, des productions d'autruy, n'estant pas mon intention, mais bien de parler succintement de l'Art des Nouvelles Inventions, & faire connoistre en cét endroit, qu'il se rencontre quelques-fois d'abord, & sans y penser, de belles choses, & fort utiles, & qu'à plus forte raison, l'on en poura trouver d'autres, si on s'y applique, comme il faut, & de propos deliberé, & principalement dans quelque Art, soit mecanique, ou liberal; ou dans quelque Science, pour laquelle on aura plus d'inclination.

Et pour cét effet, on poura lire tous les livres, qui

en parlent, & ſpecialement les plus recens, & bien qu'on s'appliquât à chercher, & trouver, ce qui auroit deſia eſté inventé, en tout, ou partie, comme il arrive auſſi quelques-fois, en ce cas, on poura voir, ſi ce qu'on aura trouvé, ſera entierement conforme à l'autre, & y adjoûter, ou diminüer ce qu'on jugera à propos, pour le rendre plus parfait, & quand cela ſeroit inutile, on exercera toûjours ſon eſprit & on le rendra plus capable de trouver d'autres choſes.

Mais pour donner lieu d'exercer les beaux eſprits, qui voudront s'addonner à cét Art des Nouvelles Inventions, ie ne voudrois pas les charger, ny les fatiguer de la lecture de toutes ſortes de livres, mais bien, qu'ils n'étudiaſſent qu'un livre (ayant la teinture, & les principes des Arts, & des Sciences, comme nous avons dit) qui eſt le grand livre du monde, & dont s'eſtant fait une idée univerſelle, il la faut paſſer, & repaſſer ſouvent dans ſon imagination; & s'il eſt poſſible, faire des ſyſtemes & opinions nouvelles, dans ſes principales parties, pour s'en ſervir dans les differentes occaſions, qui pouront ſe rencontrer en toutes ſortes d'Arts, & de Sciences, ſoit pour les approuver ou refuter, ou les augmenter, & y trouver quelque choſe de nouveau, & ne s'attacher point a ſuivre aveuglement ce qui aura eſté dit, ou fait, par qui que ſe puiſſe eſtre, ne voulant pas meſme induire aucune perſonne à ſuivre mes ſentimens, laiſſant tout le monde en liberté de le faire, ou non, ainſi qu'il voudra, au contraire ie convie ceux qui les liront, de trouver des moyens meilleurs, & plus propres pour arriver à la fin, & au but, qu'ils ſe seront propoſé, & de chercher la verité par toutes ſortes de voye, & d'en faire la preuve par experience, & par raiſon.

En effet, ce grand livre du monde, eſtant renfermé dans noſtre imagination, on y trouvera pluſieurs beaux ſecrets, & belles Sciences, ſi on le lit, & relit, & parcourt ſouvent dans toutes, ou du moins, dans les unes, ou les autres de ſes principales parties, car conſiderant le mouvement, la domination, & la puiſſance des Aſtres ſur nos corps, l'air avec ſes tonnerres, ſes foudres, & ſes autres meteores, & la diverſité des vents, l'arc-en-ciel, avec ſes differentes, & incomprehenſibles couleurs, la diverſité des hommes, des brutes, des oyſeaux, des poiſſons, & des ſerpens, leurs maladies, & autres paſſions, & leurs vertus occultes, ainſi que celles des fleurs, des fruits, des herbes, & des arbres, la mer, & ſes differents flux, & reflux, & ſes pierres precieuſes, la terre, & ſes differentes proprietez, les metaux, & mineraux, & autres treſors qu'elle renferme en ſon ſein, la diverſité des Sciences, & des Arts, dont il y en a pluſieurs nouvellement inventez, comme ſont la nature, & experience du vuide, la peſanteur de l'air, & la circulation du ſang, & y recherchant quelque choſe de nouveau, il ſera bien aiſé d'y en trouver de pluſieurs ſortes, ſi, comme nous avons dit, on ne s'attache point à ſuivre les opinions communes, & que les autres ont trouvées & décrites, & par apres il faudra polir, & limer, ce qu'on aura rencontré, comme on feroit une pierre precieuſe, qui eſt obſcure d'abord, & à laquelle, au moyen du temps, & de la peine qu'on y prend, on donne le luſtre, & le prix.

Car quelque Art, & quelque Science que ce puiſſe eſtre, n'eſt pas dans ſa derniere perfection dés ſa naiſſance, & il eſt bien plus aiſé d'adjoûter quelque choſe de nouveau, à ce qu'on aura trouvé, que de l'inventer, étant conſtant que tous les Arts & toutes les Sciences, & principalement celles qui ont esté trouvées depuis peu, ne sont pas encor entierement parfaites, & que la derniere main, n'y est pas mise, & qu'on y peut faire de grands progrez, si on s'y applique serieusement.

Par exemple on a observé depuis environ cinquante ans, que l'aymant, & les boussoles, ou aiguilles, qui en sont touchées, ne s'inclinent, & ne se tournent pas vers les poles du Ciel, mais bien vers ceux de la terre, & cela peut donner lieu de dire, ce que i'espere prouver ailleurs, par de belles experiences, & des demonstrations, qui seront mesme fort utiles, que les influences des Cieux, du Soleil, & des autres Planettes, ne reçoivent leur force, & ne font ressentir leurs effets, bons, ou mauvais, qu'à cause de ce globe terrestre, qui les reçoit, les augmente, & les reflechit.

On a fait experience, depuis environ trente ans, que l'air pese, & que c'est à cause de sa pesanteur, & non par la crainte, ou l'horreur du vuide, que l'eau, ou autres liqueurs, montent plus haut que leur source, ce qui m'a fortifié dans le dessein que i'avois conçeu, quoy que sur un autre principe, de trouver des mouvemens perpetuels, pour élever l'eau, & autres sortes de liqueurs, & dont i'ay fait la demonstration d'un, que i'ay appellé Divin, il y a dix ans, esperant faire en bref la demonstration d'un autre, que i'ay appelé Royal.

I'ay aussi dit, & prouvé, que le flux, & reflux de la mer procedoit des influences du Soleil, reflechies par la Lune, & que les vents, & les fiévres intermittentes viennent des mesmes influences du Soleil, que les astres nous renvoyent, ce qui m'a donné occasion de faire plusieurs belles observations, que les autres maladies, & fascheux accidens, & la mort mesme, sont produits de de cette mesme cause, comme il a esté dit, & décrit par d'autres Autheurs, & de dire presentement, ce que ie prouveray, Dieu aydant, ailleurs, que si on pouvoit augmenter les forces du Soleil, & des autres Astres benins, & diminüer celle des mauvais, & specialement de Saturne, de Mars, qui sont les plus méchans de tous, on pouroit par le moyen des mixtes, ausquels ils dominent, faire de bons remedes, avec lesquels on guariroit la plus-part des maladies, qui passent pour incurables.

I'en dirois davantage si i'avois fait dessein de traiter à fond ces choses-là, i'adjoûteray seulement, qu'une Science en attire une autre, & la découvre, & qu'il semble qu'elles sont toutes enchaînées ensemble, en telle sorte que ceux qui en possedent une parfaitement, peuvent aisement acquerir les autres, aux quelles ils voudront s'addonner

Estant considerable, que, bien que les nouvelles Sciences, ne soient pas d'abord bien receües, ny approuvées de plusieurs personnes, neantmoins il ne faut pas abandonner, & supprimer ce qu'on aura inventé, & qui sera prouvé par raison, & par experience, se pouvant faire, qu'il sera un iour bien receu, & qu'il sera suivi par beaucoup de bons esprits; comme il est arrivé, de l'opinion de Copernic, du mouvement de la terre au tour du Soleil, de la quelle, de grands Personnages ont fait éclore la cause du flux & reflux de la mer, & le mouvement des Comettes, quoy que ce n'en soit pas, à mon âvis, la veritable cause, comme ie l'ay fait voir ailleurs, quand i'en ay traitté, & il ne faut pas craindre, que si, ce qu'on a trouvé, est utile, il ne soit en bref bien receu, quand on en sera persuadé par les effets.

Ce que ie propose sur ces differentes matieres, n'est

que pour faire voir, qu'il y a encor beaucoup de belles choses à trouver, & à décrire, & pour exciter les curieux, & ingenieux, à s'y appliquer, & à les cultiver, pour en recueillir d'amples moissons dans ces idées universelles du monde en general, ou de quelques unes de ses parties, & pour y mieux reüssir, ceux qui ne pouront, ou ne voudront pas s'en faire des systemes particuliers, ils pouront avoir recours à cette belle table, que Ticho-brahé a faite, où il comprend presque tout ce qu'il y a de beau en l'Vnivers, mesme les Arts & les Sciences, qu'il appelle, *Calendarium naturale magicum perfectum, profundissimam rerum secretissimarum contemplationem, totiusque Philosophiæ cognitionem complectens*, imprimé, & depeint par plusieurs caracteres, & figures, en trois fueilles de papier d'un costé, en 1582. où il prend occasion de décrire le nom de Dieu en unze lettres, ou caracteres, depuis un, iusques à douze, le nombre d'unze ne s'y trouvant pas, & depeint sur châque nombre toutes les choses qui sont divisées, & composées de ces nombres-là, qui est un beau travail, & qui peut beaucoup exercer les esprits, & soulager la memoire, pour parler de toutes sortes de choses, & qui suppose de grands, & beaux principes, dans plusieurs sortes d'Arts, & de Sciences.

Si on a trouvé quelque chose de nouveau, il ne faut pas d'abord l'écrire, & le mettre en lumiere, mais il faut l'examiner, & pour ainsi dire, le ruminer en son esprit, y adjoûter ce quon y auroit employé de trop, & si on trouve que cela merite d'estre exposé au iour, & d'en faire un traité, & mesme un livre, il faut le diviser en sa pensée, se faire des objections, & les resoudre, former les titres, & les chapitres, & faire en sorte qu'on le possede tout entier, avant que d'en écrire un seul mot, car cela ouvre admirablement l'esprit, & le rend capable de trouver bien d'autres choses, que ce qu'on auroit fait d'abord, car en formant ainsi le dessein de son ouvrage, & y faisant repasser sa pensée, il se presente des objections nouvelles, qu'il faut s'attacher fermement à resoudre, & ne les quitter point, qu'on n'en soit venu à bout, & cela attire aussi souvent d'autres difficultez, où il faut d'autres preuves, & mesme qu'on peut oublier quelque chose, qu'on auroit projeté d'y employer, qu'il faut tâcher de retrouver, & rétablir ; & il arrive par fois qu'on trouve avec ce qu'on avoit pensé, quelqu'autre chose de nouveau, & de bon, ou bien de nouvelles preuves pour le confirmer ; neantmoins il est bon d'avoir toûjours des tablettes, pour écrire sommairement ce qu'on aura trouvé, soit de propos deliberé, ou par hazard, de peur d'en perdre entierement la memoire,

Il ne faut pourtant pas s'attacher tellement à son sens, en se retirant de l'opinion commune des autres, & specialement des bons Autheurs, & qui ont l'approbation publique, qu'on passe pour un esprit de contradiction, & qui se plaise à contredire tout le monde, ce qu'on appelle un esprit fort, ou âheutté, & qui ne veut suivre, que son genie, & qui veut mettre en probléme, ou paradoxe, & revoquer en doute les premiers principes, & les verités les plus constantes ; il faut plûtost s'accommoder à l'humeur de ceux, avec lesquels on converse, & garder ses pensées, & nouvelles demonstrations, pour en conferer avec ceux qui les peuvent comprendre, & les examiner, autrement on se rendroit ridicule, & on seroit souvent à charge à ceux qu'on frequente.

Il faut aussi reduire en usage, ce qu'on aura veu, ou

entendu de beau, & d'utile dans les pays, où l'on aura esté, & dans les livres qu'on aura leu, pour en recueillir les fruits, & le profit, qu'on en peut esperer, n'estant pas assez d'en avoir la theorie, ou la science, puisqu'elle seroit presque inutile, & infructueuse sans la pratique; par exemple, si on a veu dans quelque païs, ou leu dans quelque livre, ou appris de quelqu'un, le moyen de faire croistre du bled sans engrais, il faut le pratiquer sur ses terres; on aura entendu dire qu'il n'y a que le grain mâle qui leve, & qui rapporte, & que celuy qui est femelle, ne leve point, ou s'il germe, & qu'il leve, il ne rapporte rien, il en faut faire l'experience, & si cela est veritable, comme effectivement il l'est, il faut semer la moitié moins de bled, qui sera tout mâle, & on en recueillira autant, comme si on en avoit semé la moitié davantage, des deux especes; il faut preparer du bled en telle sorte qu'il raportera au centuple, comme quelques uns en ont décrit le secret; il faut avoir des fleurs & des fruits âvancés, & mesme en tout temps, & leur donner tel goust, & telle vertu qu'on voudra, pour purger, & servir de remedes à differentes maladies, comme quelques uns en ont donné le moyen, il faut trouver de la marne sur sa terre (car il est constant qu'il y en a presque par tout, quoy que de differentes couleurs,) pour engraisser ses bleds, & autres plantes; si on a de la terre trop humide, & pleine d'eau, il la faut déseicher, & au contraire si elle est trop seiche, aride, & infertile, il y faut conduire de l'eau, soit en l'élevant, ou autrement, pourveu que la dépense ne surpasse pas l'utilité qu'on en recevra; & trouver de l'eau en terre par les moyens que nous donnerons, Dieu aydant, ailleurs.

Il faut ouvrir les mines qui sont sur son fond, &

voir si elles sont bonnes, & s'en servir; si on bâtit, il faut faire en sorte, qu'un peu de feu échauffe toutes, ou telles chambres, ou tel appartement qu'on voudra, & faire en sorte qu'on entendra d'un lieu, tout ce qu'on dira en toute la maison, & mesme faire, qu'une, ou plusieurs des chambres seront tres-froides en esté; enfin il faut reduire en usage tout ce qu'on verra de beau, & d'utile, & specialement, quand il se fait à peu de frais, car ordinairement les grands desseins, qu'on fait avec beaucoup de dépense, ne sont pas entretenus, principalement, si elle est plus grande, que l'utilité qu'on en reçoit.

Sur ces principes, que i'ay étably, ou autres qu'on voudra suivre, il faut tascher, de faire toutes choses nouvelles; *Nova sint omnia* : & d'effet, comme dit Ovide, - - - *quæ non fecimus ipsi,*
Vix ea nostra voco.

Il faut pousser sa pointe, & sa fortune où elle peut aller, & mesme la forcer de nous suivre, *Audaces fortuna iuvat*, il faut se surpasser soy-mesme, & faire (ce qui est veritable, & la sainte Ecriture l'a dit) comme si nous avions nostre salut, & nostre fortune en nos mains; il faut travailler nuit & iour, à bien faire, pendant que nous en avons le temps; & comme nous ne pouvons pas tousiours vivre, il faut travailler pour l'eternité, & pour nos nepveux, & ne laisser pas mourir avec nous (ce qui n'arrive que trop souvent) nos Sciences, & nos secrets, & de bons remedes, qui pouroient beaucoup servir, quand mesme nous n'en devrions reçevoir aucune autre utilité, que la satisfaction d'avoir fait, & donné au public, quelque chose de beau, & de salutaire: *Non enim nobis, sed Reipublicæ nati sumus.*

Si les Astres reglent nostre destinée, ainsi qu'on le veut dire, il faut les contraindre par un effort de sagesse, de la rendre bonne, & âvantageuse.

Enfin, si nostre inclination nous porte à embrasser quelque profession particuliere, il faut la suivre, & mesme l'augmenter de toute sa force, & de toutes les puissances de son ame, si elle nous pousse à la generosité, & à la guerre, il faut devenir des Charlemagnes, des Henry-le-Grands, des Alexandres, & des Cesars, *aut Cæsar, aut nihil*; si elle nous porte aux Mathematiques, & nouvelles inventions, il faut devenir des Euclides, & des Archimedes; si à l'Astrologie, des Ptolomées, & des Ticho-brahez; si à la Theologie, des Ss. Thomas, & Augustins; si à la Philosophie, des Platons, & des Aristotes; si à l'Eloquence, des Demosténes, & Cicerons; si à la devotion, pieté, humilité, constance, charité, & autres vertus Chrétiennes, devenir semblables à de grands Saints, qui ont excellé en ces sortes de vertus; si à la Jurisprudence, des Vlpians, & Papiniens; si à la Medecine, des Hypocrates, & des Galliens; si à la Poësie, des Homeres, & des Virgiles; si à la Peinture, des Zeuxis, & Appelles, & autres grands Personnages, qui se sont rendus fameux chacun en son Art, & sa profession, & n'entreprendre rien que d'Illustre, & de considerable, & le pousser iusques où il peut aller, & à sa derniere FIN.

A MONSEIGNEVR LE DVC DE MONTAVSIER GOVVERNEVR POVR LE ROY en sa Province de Normandie.

MONSEIGNEVR,

Les Villes, où, les Roys, & les Princes, leurs Gouverneurs, & Lieutenans font leur entrée, ont de coustume de leur faire des pompes, & des ceremonies publiques; Elles leur tendent les mains, & leur ouvrent les bras, afin de les recevoir dans leur sein; elles quittent leurs places pour courir au devant, les amener en triomphe dans leurs murailles; Elles se mettent sous les armes, & font retentir jusques au Ciel, par la bouche de leurs canons leurs accens de joye & d'allegresse; on n'entend par tout, que des fanfares de trompettes; chacun dans sa profession, son art, & son métier, s'efforce de se surpaßer soy-méme, pour leur témoigner le ravißement qu'on a de leur bien-venüe; les Orateurs deployent leur Rethorique, & leur Eloquence, pour faire leurs éloges; enfin tout le monde contribuë autant qu'il luy est possible, pour augmenter leur gloire, j'en prens à témoin Diogene, lequel à l'entrée d'Alexandre le Grand dans vne de ses villes, lors que tous les citoyens estoient empeschez à recevoir vn si Grand Monarque, tournoit & remüoit son tonneau en toutes sortes de façons, pour luy faire connoistre, par cette action toute extraordinaire, combien il estoit rauy de voir paßer son Roy aupres de sa demeure ; pour moy M. à l'exemple de cét antien Philosophe, lors que toute la Normandie, dont vous estes Gouverneur, & principalement cette Ville d'Avranches, est occupée à vous recevoir & vous rendre les honneurs, qui vous sont deûs, autant qu'il est en sa puissance, i'ay remué & renversé en françois, le tonneau du Mouvement Perpetuel, que i'avois fait Imprimer en latin, au commencement de cette année, 1665. pour vous tesmoigner par là, M. le sentiment de ioye, & de satisfaction, que i'ay, d'avoir le bon-heur, de vous le presenter le premier, dans l'esperance, que vous serez son Protecteur, envers Nostre Grand & Magnanime Monarque, à qui i'ay pris la liberté de l'addresser, comme ne l'ayant pas jugé indigne d'estre offert à son Auguste M. car ce n'est pas vn tonneau commun, qui ne seroit remply que du vin du pays, mais bien vn vaisseau, s'il m'est permis de vous dire quelque chose en sa faveur, qui distile du Ciel en terre, vne liqueur plus pretieuse & plus recherchée, que le Nectar des Dieux ; ce n'est point cette funeste boëtte de Pandore, qui versoit toute sorte de maux au monde, mais vne aymable corne d'abondance, qui nous prodigue vne infinité de biens ; ce n'est point ce mal-heureux vaißeau, que l'enfer avoit inventé, pour punir les Danaïdes, qu'elles ne pouvoient iamais emplir ; mais vn tonneau Divin & admirable, qui verse incessamment : la liqueur, dont il est plein sans diminuer, ny se vuider aucunement : protegez-lé, comme estant produit sous vos auspices ; agréeslé, comme vn fidelle sujet, qui a eu l'honneur de voir son premier jour, dans des terres qui sont soûmises à vôtre authorité ; enfin, ayez agreable de le regarder, comme un témoin aßeuré qui dira & redira toûjours à V. G. que ie suis,

MONSEIGNEVR,

Vostre tres-humble, & tres-obeyssant Serviteur I. LE ROYER Ad.

D. O. M.

REGI, RR. RR. R. R. R. ROYERIVS
S. P. Q. R.

Dico Opera Mea.

Regi, Reginæ Regnanti, Reginæ Regenti,

Rem Rejectam Restituens ROYERIVS,

Salutem, pacem Que Requirit.

LE MOUVEMENT PERPETUEL

HYDRAULIQUE, OU L'ELEVATION de l'Eau d'elle-mesme.

Mirabiles elationes maris, mirabilis in altis Dn̄s. Ps. 92.

IRE,

Souffriray-ie encor long-temps, que le Mouvement Perpetuel demeure captif, & renfermé dans mon imaginatiõ, comme en une prison étroitement gardée ? Mon genie irrité d'avoir esté rebuté par deux fois, flottera-il encor long-temps dans l'irresolution de sçavoir, si ie dois supprimer abſolûment les beaux ſecrets, que Dieu a bien voulu permettre que i'aye découverts, quoy que i'en fuſſe indigne, ou bien (ſuivant les traces de Chriſtophle Colom) ſi ie ne dois pas les aller offrir à des Nations étrangeres, afin d'en recueillir les recompenſes, qui ſont publiquement propoſées à ceux, qui les ont inventez ? Enfin cette incertitude, qui me fait balancer ſans rien déterminer de ce que ie dois faire, demeurera-t'elle encor long-temps vague & indefinie? Non non ; ie veux preſentement étoufer tous les ſentimens d'avarice & de vengeance, que ie pourois avoir conçeus, ie veux meſme ſuprimer aujourd'huy iuſques aux plaintes, ou ſi i'en pouſſe quelques vnes, ce ne ſera que contre moy-même, qu'elles ſe termineront, de ce que i'ay eſté aſſez mal-heureux, de ne prendre pas bien mes meſures, quand i'ay preſenté par deux fois mes ſecrets à vôtre Auguſte Majeſté, puiſque, pour lors elle eſtoit tellement occupée à nous procurer une paix victorieuſe & triomphante, & unir d'un lien ſaint, & ſacré, par vôtre heureux Mariage, les deux plus belles Couronnes du monde, & s'il m'eſtoit permis de le dire, à nous former un genereux Dauphin, qu'elle y employoit même les momens de ſon loiſir, & de ſon repos. Et quoy qu'en ce temps-là ie ſois décheu des eſperances que i'avois formées, ie ne ſuis pas, & n'ay iamais eſté d'humeur à me rendre, au premier obſtacle, qui s'eſt rencontré, au contraire comme un autre Antée, i'ay toûjours taſché de prendre de nouvelles forces dans mes plus grandes diſgraces, & preſentement qu'il me ſemble que le Ciel commence de m'eſtre plus propice, & qu'il me regarde d'un aſpect plus doux qu'à ſon ordinaire, bien éloigné d'abandonner les hauts deſſeins que i'avois conçeus, ie ſuis dans le ſentiment de les augmenter : Et d'effet, fondé ſur quelques experiences que i'avois faites, i'avois dit, que i'eſperois un iour trouver le Mouvement Perpetuel Hydraulique, ou l'élevation de l'eau d'elle même, quoy que i'y rencontraſſe deux grandes difficultez, & que i'euſſe deux grands ennemis à combatre, & ſurmonter, ſçavoir, la peſanteur de l'eau, qui la faiſant tendre en bas vers ſon centre, empeſche, qu'elle ne ſe puiſſe naturellemet élever; & d'un autre coſté, l'air qui eſt ſubtil, entrant dans les tuyaux, & dans les machines, que i'avois preparées pour venir à bout de mes entrepriſes, ruinoit entierement tous mes deſſeins; mais ayant vaincu ces deux puiſſans ennemis, à qui i'avois livré une guerre mortelle, pour me venger des peines qu'ils m'avoient données, ie ne fis point de difficulté, de propoſer ouvertement que i'avois trouvé le Mouvement Perpetuel; & maintenant, afin de faire honte à mes envieux, qui diſoient en ſe raillant de moy, que ie promettois beaucoup, & que ie n'effectüois rien, pour la troiſiéme fois qu'on dit ordinairement eſtre toute bonne, ou toute mauvaiſe, ie fairay la demonſtration d'un des Mouvemens Perpetuels Hydrauliques que i'ay trouvez, & en outre, i'en promets encor trois autres, & ſur des principes differens, & peut-eſtre que i'iray juſques au quatriéme, mais pour ne point perdre le temps dans des diſcours ſuperflus, voicy comme i'en fais la demonſtration.

Les antiens Philoſophes diſoient, comme un Oracle, que la nature avoit tellement le vuide en horreur, que les choſes peſantes auroient plûtoſt monté juſques au Ciel, & à l'infiny, pour ainſi dire, & que les legeres auroient plûtoſt deſcendu juſques au centre du monde, qu'elle l'eut peu ſouffrir; & les nouveaux Philoſophes ont fait voir, par une infinité de belles experiences qu'ils ont faites depuis environ vingt-ans, que la nature n'avoit, non plus d'horreur pour le vuide, quelle a pour le plein, & que si l'eau ou le vif argent, ou de semblables liqueurs, s'élevoient, & demeuroient suspenduës dans un tuyau bouché par un bout, du sçeau d'hermes, (ou de soy même) estant plein & renversé dans un autre vaisseau remply de la même, ou semblable liqueur, ce n'estoit point par vne crainte du vuide que cette merveilleuse action estoit produite, mais bien à cause que l'air par son poids, & par sa vertu elastique (c'est une action propre à l'air, par laquelle il presse, pousse, & s'enfle de tous costez, de même qu'un flacon de laine, apres avoir esté pressé, estant mis en liberté, s'étend & s'enfle de toutes parts,) pressant la surface exterieure de l'eau, ou du vif argent, la fait monter dans le tuyau & y demeurer en équilibre de l'air exterieur, à sçavoir l'eau demeure dans un tuyau à trente & deux pieds de haut, ou environ, & le vif argent à vingt & sept poûces, & ainsi des autres liqueurs à proportion de leur poids; & le reste du tuyau est apparemment vuide; mais sçavoir si ces derniers Philosophes ont mieux rencontré que les antiens Autheurs, & s'ils ont absolûment dit la verité, il n'est pas hors de saison d'y prendre garde & d'autant qu'ils n'ont pas assez meurement examiné leurs experiences, ils se sont aussi (si ie l'ose dire) laissé tromper, par le vray semblable, ainsi que l'ay, graces à Dieu, heureusement decouvert, & que i'en fay presentement la demostration; Car il est constant par les experiences que i'ay faites que l'eau ou le vif argent, montent ou demeurent plus haut, que trente & deux pieds, ou vingt & sept poûces, si le tuyau est bien petit, & plus menu que le doigt, & s'il est bien grand, & plus gros que le doigt, ils montent, & demeurent plus bas, & assemblant par le haut, un gros

& un petit tuyau plein d'eau ou de vif argent, & les deux bouts de bas eſtant plongez dans deux vaiſſeaux pleins d'autre eau, ou d'autre vif argent, lors qu'ils ſont déboûchez, on voit heureuſement naiſtre le *Divin Mouvement Perpetuel Hydraulique*, ie l'appelle Divin, par ce qu'il ſemble tirer l'eau de la terre, & l'élever vers le Ciel, ie le nomme Hydraulique, par ce que cette eau, en tombant, fait du bruit, & un bruit ſi grand, & ſi admirable, que ie preſume, qu'il ſera entendu de tous les endroits de la terre.

Mais d'autant que tout le monde n'a pas connoiſſance des nouvelles experiéces du vuide, voicy la machine qu'il faut faire pour élever l'eau; la même auſſi en plus petit volume peut ſervir pour l'élevation du vif argent, ou d'autres liqueurs, ſelon qu'elles ſont plus, ou moins peſantes que l'eau. Il faut prendre vn tuyau d, de terre ou de plomb, long de trente pieds, ou environ, & gros comme le petit doigt, & le ioindre dans le haut d'un gros tuyau, ou tonneau c, de ſept ou huit pieds de largeur & autant de hauteur, & mettre les bouts de ces deux tuyaux dans deux vaiſſeaux, a, b, ſans toutes fois, qu'ils poſent juſques au fonds, & emplir le tout d'eau, ce qu'on poura faire aiſement par le haut du tonneau, c, où il y aura un robinet, ſi le vaiſſeau, b, eſt bien luté, & ſoudé par dehors contre le tonneau, c, & apres que toute la machine ſera pleine deau, ayant fermé le robinet du haut du tonneau, c, & en ayant ouvert un autre du vaiſſeau, b, l'eau tombera ſur la rouë, o, qu'elle fera tourner en paſſant, & revenant dans le vaiſſeau, a, d'où elle remontera par le tuyau, d, dans le tonneau, c, d'où enfin, retombant inceſſamment, elle poura faire tourner toutes ſortes de rouës & de machines, & principalement ſi on met pluſieurs petits tuyaux de même que celuy, d, ainſi cette machine poura ſans force, ou violence quelconque, élever autant d'eau, que le tonneau, pour gros qu'il ſoit, en poura contenir. I'advertis en paſſant, qu'il faut ſe prendre garde, de laiſſer aucune eſpace vuide dans le haut du tonneau, par ce qu'il pouroit arriver, que l'eau y portant de l'air, interromperoit le cours de ce mouvement, & fairoit en ſorte, qu'il ne ſeroit pas de longue durée, quoy que pourtant, quand cela arriveroit, on y pouroit aporter du remede, & tirer cét air, qui ſe trouveroit dans le tonneau, par des ſoufflets, qui ſeroient mis au bout d'un petit tuyau, lequel entreroit dans le grand tonneau, & que l'eau tombant ſur cette rouë fairoit inceſſamment agir, comme nous dirons ailleurs.

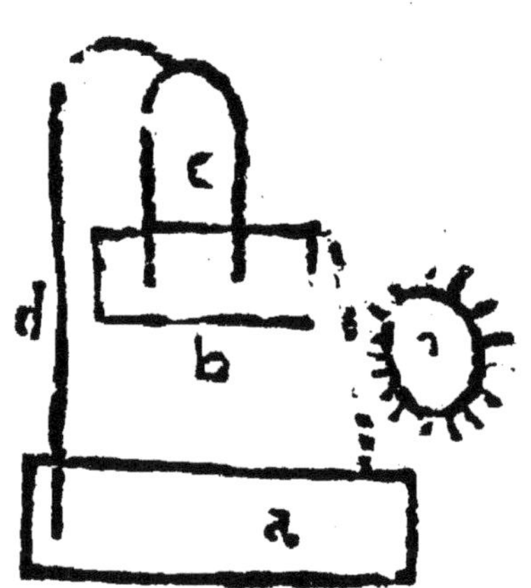

I'advoüe ingenûment, que ſi les eaux des ſources qui naiſſent ſur le ſommet des plus hautes montaignes, y ſont portées de la mer, par des conduits ſemblables à ceux qui compoſent, & renferment ce Divin Mouvement, que ie viens de mettre au iour, (le plus ſage des Roys aſſeurant que toutes les eaux viennent de la mer, & y retournent) le Prophete Royal a eu raiſon de dire, comme par un eſprit Prophetique & Divin, en cette rencontre, aussi bien qu'en plusieurs autres, que Dieu faisoit bien voir, par ces merveilleuses élevations des eaux de la mer, qu'il estoit admirable dans ses œuvres de plus haute consequence.

Mirabiles elationes maris, mirabilis in altis Dominus; puis qu'à mon gré, & sans me flater dans mon propre interest, ie n'ay iamais rien veu, qui m'ait semblé si merveilleux, que cette Divine élevation des eaux, que ie viens de décrire, & principalement estant iointe à un autre sorte de Mouvement, que i'ay aussi découvert, qui est plus conforme aux principes, dont la nature a de coûtume de se servir dans ses productions, que i'appelleray Royal; par ce que ie crois qu'il n'est pas indigne de porter ce nom-là, & d'estre offert à vostre Auguste Maiesté, si iamais on y peut rien offrir, qui en soit digne; car ce Mouvement mixte est si achevé, si parfait, si noble, & si utile, qu'il ne se peut rien voir, ny mesme souhaiter, qui le soit davantage.

Enfin, voila qui va bien, graces à Dieu, car i'ay nonseulement faitvoir à vôtre A. Majesté le Mouvement Perpetuel, que ie luy avois promis, mais aussi, comme pour payer l'usure, & le retardement du temps, qui s'est écoulé depuis la premiere promesse, que i'en avois faite, ie vous en promets encor plusieurs autres; & certes, faisant reflection sur mes veilles, & mes travaux passez, il me semble, que mon esprit nage dans la joye, & dans les delices, & que ma pensée semblable à une femme, qui estoit grosse, & qui vient de produire son enfant, est toute ravie, d'estre déchargée d'un fardeau, qui la faisoit gemir, & qu'elle ne pouvoit plus porter. Et bien que la memoire des peines passées, soit souvent agreable à plusieurs, ie suis neantmoins presentement si plein de joye & de delices, que mon esprit ne peut souffrir l'idée, de former aucunes plaintes, contre les machines, que i'ay plusieurs fois inutilement faites, pour trouver, & faire voir ce beau secret, dont ie viens de faire la demonstration. Que si quelqu'un, qui en aura une entiere connoissance, veut examiner de prez toutes les utilitez, qui en peuvent naistre, soit pour joindre les mers par dessus les Isthmes, ou langues de terre, soit pour déseicher des marays, soit pour faire des moulins en quelques lieux, que ce puisse estre, soit pour conduire des navires, ou chariots, ou d'autres sortes de machines, il ne faut qu'en faire la comparaison avec la vis d'Archimede, ou avec les autres instrumens, & machines, qui servent pour élever les eaux, & il verra, qu'il y a une difference bien sensible, entre l'un & les autres, pour n'en pas dire davantage, de peur qu'on ne m'accusât de donner trop de loüange à mon secret.

Veut-on sçavoir, pourquoy l'eau en ce temps icy, oubliant sa pesanteur naturelle, s'éleve d'elle même, & s'élance de son grê, jusques dans l'air, & dans les plus hautes montaignes, la réponse est fort aysée, qu'elle quitte ainsi les bas lieux, où la nature l'avoit asservie & releguée, & qu'elle outre-passe ses bornes, que Dieu luy avoit donné dés le commencement du monde, afin de s'humilier aux pieds de vôtre Majesté comme au plus Grand Roy, dont elle arouse les terres, & vous venant faire offre de ses services, & rendre ses hommages, elle vous asseure, & Monseigneur le Prince Dauphin, qui est destiné pour estre son Roy, que rien ne luy peut faire obstacle, qu'elle ne suive aveuglément vos saintes volontez.

Si neantmoins, ce Mouvement Perpetuel, que ie propose, comble plusieurs, d'un nombre presque infiny d'utilitez, il y en a quelques uns, par un mal-heur surprenant, qui ressentiront du déplaisir dans la joye publique,

publique, & dans la commune acclamation des autres, car ie prevoy, que ceux qui possedent des moulins à vent, les verront sensiblement tomber en decadence, & que bien-tost ayant perdu leurs ailles, leurs bras, & leurs habits, ils ne fairont voir aux passans, que des masures déplorables, & des ruines fâcheuses; & tous les moulins, qui sont situez sur de grandes eaux, ayant une fois esté rompus, par quelques innondations, on aimera mieux les laisser croupir dans le fond des rivieres, & en bâstir d'autres ailleurs, avec nôtre mouvement, que de faire la dépense d'en pescher des matereaux, & les rétablir.

Enfin, SIRE, (mais à Dieu ne plaise) si ce Mouvement Perpetuel, vous semble inutile, & de peu de consequence, ie ne vous demande qu'une grace, & qui n'est pas nouvelle, puis qu'elle a desia esté obtenüe d'un Philosophe, dont i'ay oublié le nom, & n'ay peu le trouver, quoy que ie m'en sois enquis à plusieurs personnes tres-doctes, lequel ayant trouvé la grandeur du Soleil, pria ses disciples, de ne le dire iamais, qu'au même temps, ils ne l'en nommassent l'Autheur; non pas, qu'à son exemple, ie vueille obliger ceux qui se serviront de ce mouvement Perpetuel, d'inscrire mon nom dessus châque machine, mais bien, que vous deffendiez qu'aucun de vos sujets ne le puisse faire, ny s'en servir, sans mon ordre exprés, & sans ma permission, & on voira bien-tost que ce Mouvement fera bien aller mes affaires.

Et certes, mes secrets auroient parû bien plustost, si, pour les divulguer, i'avois agy de la mesme façon, que firent Archimede, & Pytagore, dont l'un ayant trouvé dans le bain, le moyen de découvrir, si l'Orfévre, qui avoit fait cette fameuse couronne d'or, y avoit point meslé d'autre metail, courut nud en che-

N

miſe au Palais Royal, criant, qu'il avoit trouvé; & l'autre ayant découvert, que le quarré, qui eſtoit fait ſur la diagonale d'un triangle rectangle, contenoit autant que les deux autres quarrez, qui eſtoient faits ſur les deux autres coſtez, fit faire une hecatombe, ou ſacrifice de cent bœufs à ſes Dieux, en action de graces d'une telle demonſtration; car ayant trouvé quelques beaux ſecrets, ie me contentois d'aller en quelques Egliſes, en rendre graces à Dieu, auquel i'en attribuë tout l'honneur, & la gloire, le priant de conſerver voſtre Auguſte Maieſté, & vous donner toute ſorte de proſperité, & une ſanté parfaite.

Salus, Pax Que Regi.

F. F. F. F. F, ff.

Fœlix, Faustum, Fortunatum, Fidum Fuat, Francis.

LA VERITABLE CAVSE DES COMETES.

Tandem visus erit terris impunè Cometes.

CEtte Comete pui parût sur la fin du mois de Decembre dernier, & au commencement de cette année 1665. a renouvelé le dessein, que i'avois fait, & promis, il y a quatre, ou cinq ans, d'en décrire la veritable cause; & pour cét effet, à commencer d'abord par la definition; tout le monde sçait, que la Comete est un estre, qui paroist la nuit au Ciel, comme une grande étoille enflâmée, qui suit le mouvement des Cieux, se levant vers l'Occident, & Couchant, & à cause de sa figure, on l'appelle, Barbüe, si elle n'a que de petits rayons; & Chevelüe s'ils sont plus grands, & si elle a une queüe on l'appelle Coüée, ou à queüe: on estime qu'elle a toûjours des effets sinistres, & mal-heureux, & d'effet l'on n'en a iamais veu, qui n'ayent esté suivies de guerres, de peste, de famine, ou de semblables mal-heurs, ce qui a donné lieu à un Poëte de dire,

Et numquam visus terris impunè Cometes.

Puisque tous les Philosophes demeurent d'accord, que les Cometes ne sont rien que des feux, qui sont allumez en l'air, mais ils ne conviennent pas sur la matiere, dont elles sont formées, & qui leur sert de nouriture, & entretien, ny sur la cause de leur mouvement, quelques uns disent, que ces feux-là sont entretenus par les exhalaïsons de la terre, qui sont chaudes, & allumez par les vapeurs, que le Soleil éleve des eaux, qui sont froides, lesquelles combatant les unes contre les autres par cette vertu qu'ils appellent, Antiperistase, forment & allument ces feux en l'air, de la mesme façon que les tonnerres, & autres feux qui brillent la nuit.

D'autres disent, que les Cometes ne sont qu'une matiere du Ciel condensée, où plusieurs petites étoilles assemblées par des Anges, afin de nous predire quelques mal-heurs & adversitez.

Et quoy que les uns, ou les autres tâchent de prouver leurs opinions par des vray-semblances, & des raisons mendiées, il y en a desia d'entre-eux qui âvoüent, qu'ils en ignorent la veritable cause, & ie crois que le reste en doit faire la mesme chose, puis qu'ils ne peuvent pas resoudre toutes les objections & difficultez qui se rencontrent en cette matiere; car comment les Cometes pouroient-elles vivre si long-temps qu'elles font, & n'avoir pour leur entretien, & nouriture que des exhalaïsons & des vapeurs? Par quelle raison pouroient-elles suivre si justement le mouvement journalier des Cieux, & faire reglément le tour de la terre en vingt & quatre heures? D'où vient que par un mouvement contraire, elles vont vers l'Orient, comme les Planetes, Pourquoy n'iroient pas toûjours toutes de la mesme façon, & n'apparoistroient elles pas en tout temps de la mesme figure, s'il estoit veritable, qu'elles fussent toutes produites de la mesme cause, à sçavoir par les exhalaïsons & les vapeurs? Pourquoy celles qui ont une queüe ne la porteroient-elles pas toûjours d'un mesme costé, ou en haut, puis que c'est le propre du feu d'y tendre? Estant constant qu'on en voit quelques unes, dont les queües tendent vers l'Orient, d'autres vers l'Occident, enfin d'autres qui declinent vers l'un ou l'autre pole; comment se pouroit-il faire qu'il y en auroit quelques unes plus hautes que le Soleil, puis que s'il attiroit les vapeurs, & exhalaïsons dont elles seroient faites, il ne les pouroit pas envoyer au delà de luy mesme, & plus haut qu'il n'est pas.

A l'égard de ceux, qui disent que les Cometes sont formées d'une partie du Ciel condensée ou de plusieurs étoilles assemblées par les Anges, ie ne crois pas me devoir arrester long-temps pour les refuter, car pour quoy cela arriveroit-il plûtost en un temps qu'en l'autre? Sans parler des autres objections qu'on pouroit leur faire.

Quelques-uns, pour éluder une partie de ces difficultez, suivent, & prennent l'opinion de Copernic, qui dit, que la terre tourne au tour du Soleil, lequel demeure immobile au centre du monde; & quoy que cette opinion ne soit pas veritable, à mon âvis, ils s'éfforcent de la prouver par les Cometes mesme, disant que les Cometes, ne tournent pas au tour de la terre, non plus que le Soleil, & les étoilles, mais que c'est la terre, qui tourne effectivement, & qui nous fait paroistre que le Soleil, les étoilles, & les Cometes tournent; il y a de si puissantes raisons, pour combatre cette opinion-là, que ie ne crois pas qu'elle doive subsister, & specialement si la cause des Cometes, que ie vay deduire, est bien receüe, & estimée veritable, puis qu'elle détruit un des plus forts argumens, dont les Autheurs de cette opinion se servent, afin de prouver le mouvement de la terre, & l'immobilité du Soleil, & des étoilles : ayant desia refuté les opinions de Gallilée, & de Gassandi, touchant le flux & reflux de la mer, qui disent que leur cause procede de ce mouvement de la terre.

Ie dis donc, que la Comete est produite en l'air, par deux Astres, qui renvoyent en pointe la lumiere, la chaleur, & les influences du Soleil, comme deux pyramides, lesquelles se rencontrant en l'air, l'enflâment au point de leur incidence; voila en deux mots ce grand & admirable mystere des Cometes, & qui avoit esté inconneu dans les siecles passez.

I'ay dit ailleurs, & ie ne m'en dédis pas, que la Lune, les Planetes, & étoilles, n'ont point d'autre lumiere, chaleur, & influences, que celles que le Soleil leur communique, ce qui est, ce me semble, si veritable, que si le Soleil estoit aneanti, tous les estres vivans mouroient bien viste ; ce que nous pouvons reconnoistre, en considerant ce qui arive icy pendant l'hyver, que le Soleil ne s'éloigne de l'équateur, que de vingt-trois degrez & demy, & toutesfois les pays, qui luy sont opposez, sont tellement refroidis, qu'il ne s'y fait presque aucune production dans les plantes, & les arbres, & la terre est couverte de neige, & de glace : que si cela est veritable, qu'arriveroit-il, si le Soleil perissoit entierement, ou s'il se retiroit jusques aux poles du monde ? Et d'effet, si quelqu'un considere ce qu'est le Soleil dans la nature, il verra qu'il y fait la mesme chose que le cœur dans un animal vivant, qu'il anime, & fait se mouvoir, en telle sorte qu'il meurt aussi tost qu'il en est arraché; que si vous me demandez quelles fonctions les autres Planettes & étoilles fairont au Ciel, ie vous répondray, qu'elles renvoyent la lumiere, la chaleur,

& les influences du Soleil, apres les avoir augmentées ou alterées, & principalement quand il est sous l'horison.

Voicy à mon âvis, comme les uns, & les autres agissent, le Soleil est un estre lumineux, clair & luisant, qui produit ses especes, semblables aux visüelles, autour de soy, dans la sphere de son activité, lesquelles sont receües dans l'air, ou autre objet diaphane, qui est propre pour cét effet, ainsi la lumiere que le Soleil produit par sa presence, n'est autre chose que l'air, ou un espace éclairé (car les nouvelles experiences du vuide, y font voir de la lumiere) il faut dire la mesme chose de la lumiere, qui est produite par du feu, de la chandelle, ou autre objet lumineux: & les tenebres ne sont rien, qu'un air, ou autres choses diaphanes, qui sont privées de la presence d'un objet lumineux, & éclatant, comme ie le pouray prouver ailleurs par de belles experiences, & observations que i'en ay faites.

Mais de quelque maniere que le Soleil répande sa lumiere, il est certain (& il n'y a que les aveugles qui puissent dire le contraire) que le Soleil est un corps lumineux, & éclatant, & nous voyons mesme par les éclypses de la Lune, qu'il répand sa lumiere vers la terre, & qu'il la communique aux Astres; or il est constant, par ce sentiment commun des Philosophes, que toute sorte de lumiere, a de la chaleur, & que cette lumiere, & chaleur du Soleil, ont des vertus secretes, qu'on appele ordinairement, influences, qui produisent, soit directement, ou par la mediation, des autres Astres, plusieurs sortes d'effets, dont les uns participent davantage de la lumiere, que de la chaleur, & les autres au contraire ont plus de chaleur que de lumiere, & enfin il y en a quelques-uns, qui sont comme en équilibre, & qui gardent un juste temperament entre l'un & l'autre ; comme chacun peut voir dans les metaux, mineraux, & pierres pretieuses, s'il y veut serieusement penser.

Et certes la nature, à son ordinaire, en use tres-sagement, en formant des estres dans le sein de la terre, car la lumiere du Soleil, & des Astres n'y pouvant arriver à cause qu'elle est opâque, ils ont des influences, lesquelles y tiennent leur place, afin que par leurs vertus secretes, ils y produisent des mixtes ; en voicy un témoin asseuré, & qui est exempt de tout reproche, sçavoir une pierre, nommée Selenite, la quelle bien qu'elle soit étroitement enfermée, soit dans un coffre, ou ailleurs, augmente son éclat, à proportion que la lumiere de la Lune croît, & diminüe aussi de mesme que la Lune, en telle sorte qu'elle brille beaucoup à la Pleine Lune, & elle n'a point, ou fort peu d'éclat à la Nouvelle Lune, ce qui marque visiblement, que cette pierre est gouvernée par la Lune, la quelle estant Pleine, luy communique davantage, ou de plus fortes influences de sa lumiere, qu'en un autre temps, par le moyen de l'air, & au travers des pores du lieu, & du corps, où cette pierre est enfermée, lesquels pores des corps bien qu'ils soient opaques, sont pleins d'un air subtil, comme ie le pretends, qui est, pour ainsi dire, leur humide radical.

Or tous les Astres renvoient & reflechissent en pointe ou piramyde, la lumiere, la chaleur, & les influences du Soleil, comme autant de grands miroirs ardents, or il y a quelques uns de ces Astres, à sçavoir les Planettes, qui ont plusieurs sortes de mouvements, & peut estre que quelques uns se tournent en rond, sans partir du lieu où ils sont, comme Copernic l'a dit de la terre ; ainsi deux de ces pyramides lumineuses,

lumineuſes, une grande, & l'autre petite, ſe promenant dans la grande eſtenduë de l'air, & ſe rencontrant, quoy que cela n'arrive que rarement, à cauſe qu'il eſt tres-vaſte, enflament l'air qui ſe trouve dans le point de leur incidence, & font, ainſi que nous avons dit, une Comette; que ſi la lumiere d'une des pointes de ces pyramides, ayant eſté augmentée par le corps de la Comette, enflâme l'air, ou le rend plus éclatant du coſté qu'elle tend, elle fait une Comette à queuë, ce qui peut auſſi arriver par la lumiere du Soleil, en paſſant au travers du corps de la Comette: & ſi ces deux pyramides, qui ont fait en chemin une Comette, vont bien loin, elles n'enflâmeront pas l'air, ainſi ſi elle a de grands rayons, on l'appelle cheveluë, comme ſi elle avoit des cheveux, & n'en ayant que de petits, on l'appelle barbuë, comme ſi elle avoit de la barbe; & ſi l'une où l'autre n'apparoiſſoient que dans la partie du Ciel oppoſée au Soleil, elles n'auroient pas de queuë, peuteſtre à cauſe qu'elles ſeroient trop éloignées de luy, & qu'ainſi il ne pouroit pas nous faire paroiſtre ſa lumiere par delà, & bien que la queuë de la comette nous paroiſſe courbée, elle eſt neantmoins droite, & elle ne nous paroiſt autrement qu'à cauſe qu'elle ſemble eſtre attachée au Ciel, qui eſt circulaire.

La Comette demeure dans un meſme endroit, autant de temps, que les Aſtres qui la produiſent ſont en un meſme aſpect: & de meſme que l'ombre ſuit le corps, qui eſt éclairé par un objet éclatant, ainſi la Comette ſuit les planettes qui la font aller de quelque coſté qu'ils aillent, ſoit par leur mouvement iournalier d'Orient vers l'Occident, ou par celuy qui les porte d'un mouvement contraire, car il n'y a point d'Aſtrologue, qui ne ſçache que les planettes ont pluſieurs ſortes de mouvemens quelques uns allant par fois ſur leurs pas, droit vers l'Orient, d'autres fois, comme il se remarque facilement dans le soleil, ils sont retrogrades & s'advançent vers l'Occident ; & enfin ils demeurent stationnaires & dans un mesme lieu, comme s'ils y estoient attachez, & on voit que les Comettes en font de mesme.

Et d'autant que les Planettes n'ont pas toûjours un mesme aspect avec le Soleil, & entre eux mesme, estant dans un branle & agitation continuelle, cela est cause que les Comettes qu'ils produisent ne durent pas long-temps, & d'effect les uns n'apparoissent que huit ou dix iours, les autres vingt ou 30. & enfin ils ne passét pas tout au plus, que jusques à 80. iours ou environ.

De sorte que les Comettes estant produites par d'autres Astres que par le Soleil & la Lune, ils ne peuvent pas estre benins, au contraire ils sont toûjours mauvais, & ne presagent que des mal-heurs, dont ils sont des augures asseurez, car tous les planettes, ou autres Astres, bien qu'il y en ait de meilleurs les uns que les autres, alterent & changent en de pernitieux usages, les influences du Soleil, qui sont aussi bonnes dans leur source que l'eau d'une pure fontaine, laquelle plus elle s'éloigne du lieu de sa naissance elle devient trouble, & insipide, ainsi les influences du Soleil sont bonnes dans leurs principes, mais aussi tost qu'elles ont touché Saturne ou Mars, ou quelque autre Astre malin, elles n'ont plus rien de bon, & deviennent tout à fait mauvaises, de sorte que la Comette qui est produite par deux mauvais Astres, comme par un pere & une mere méchants, il ne se peut presque pas faire qu'elle soit benigne ; & par ce moyen les terres qu'elle regarde, & vers où elle porte ses pas & ses rayons, en ressentent de méchants & pernitieux effets, car la vertu des deux Astres ioints ensemble, est plus forte (comme on dit en Philosophie) que d'un seul, que si donc cette Comette est produite par Mars & quelque autre Astre, elle presagera de la guerre, si par Saturne, ce sera de la peste, ou quelques autres maladies, & si par ces deux ensemble qui sont les pires de tous, elle pronostiquera ces deux sortes de fleaux, car elle infecte l'air, les arbres, les fruits, les bleds, & les eaux dont les hommes & autres animaux sont par aprés (pour ainsi dire) empoisonnez, par cét air corrompu qu'ils respirent, & par les méchants mets qu'ils prennent, toutes-fois un Homme sage se poura mocquer des effets des Comettes, & les rendre inutiles, s'il évite la guerre, par le moyen d'une bonne paix, s'il previent les maladies dont il peut estre menacé, par des remedes salutaires, & enfin il évitera la famine, s'il fait une bonne provision de bleds en temps & lieu.

Que si la Comette paroist toûjours d'une mesme couleur, supposé qu'elle soit toûjours rouge, cela peut estre causé par Mars, & si elle est pale & triste, c'est une marque qu'elle est produite par Saturne, que si elle paroist quelques-fois rouge, & enflammée, d'autres fois plus triste & pasle, qu'à son ordinaire, & par fois claire & nette, cette varieté procede de la differente disposition de l'air, comme il arrive au Soleil & à la Lune, qui pronostiquent le temps qui doit arriver.

Pallida Luna pluit, rubicunda flat, alba serenat.

Parceque lors que l'air est clair, net & serain, & qu'il n'est point rempli de vapeurs, la Lune paroist belle & d'une couleur d'argent, si l'air est enflamé par les influences des Astres, comme nous avons dit ailleurs, pour aprés estre agité par les vents, alors estant rouge, il nous fait paroistre la Lune de la mesme couleur, & s'il est remply de vapeurs & de nuages, il nous represente la Lune pasle & triste, estant constant que les objets sont representez, comme s'ils estoient teints de la mesme couleur qu'il se rencontre entre nos yeux, & eux, il arrive de mesme à l'égard des Comettes, qui nous apparoissent de diverses couleurs à cause de la differente disposition & couleur de l'air.

Voila donc en ce que nous avons dit, la cause efficiente des Comettes sçavoir de deux Astres qui reflechissent la lumiere la chaleur & les influences du Soleil, l'air est la cause materielle, & la formelle est le feu, les Astrologues pouront reconnoistre cy-apres, par quels Astres les Comettes sont produites, ainsi que leurs effets, s'ils veulent serieusement s'y appliquer.

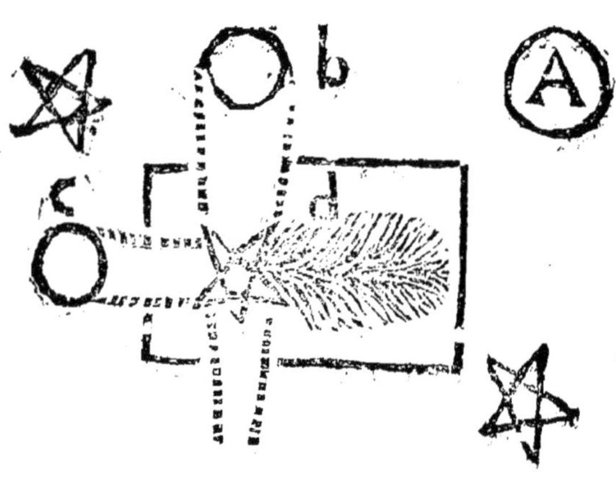

Mais afin que la cause des Comettes que i'ay décrite paroisse mieux à l'œil & au doigt, en voicy la demonstration, ou la figure, à sçavoir deux miroirs concaves b. & c. l'un plus grand & l'autre moindre, & s'ils sont d'une égale grandeur, il faut en mettre l'un plus esloigné du Soleil A. & lautre plus prés, & les disposer en sorte qu'ils révoient en pointe la lumiere du Soleil par les trous d'une maison obscure & fermée de toute autre part, & que la plus grande pyramide de lumiere passe à travers de cette maison sans y toucher, & que la plus petite finisse dans cette mesme maison, sans toucher à la muraille, & que l'une & l'autre se rencontrent dans le point d. ainsi elles enflameront l'air dans le point de leur rencontre, ou incidéce, ou du moins elles le fairōt paroistre plus éclatant, & la plus petite pointe de cette pyramide apparoistra ainsi enflamée ; (on poura faire la mesme chose de nuit dans cette mesme maison, ou dans un coffre, si on aplique deux chandelles contre ces miroirs) & il n'y aura point de difference entre ces Comettes artificielles, & celles qui paroissent au Ciel, sinon que celle du Ciel est méchante, & que cette autre ne l'est pas, ainsi on poura dire que : *Tandem visus erit terris impunè Cometes.*

Il y a deux ou trois choses qui s'ensuivent de cette cause des Comettes que i'ay proposée, qui sont contraires aux maximes & aux principes de l'ancienne Philosophie, car comme disoit le Philosophe, amy Platon, & amy Socrate, tant qu'il vous plaira, mais j'aime mieux encore la verité que leur opinion, & specialement si cette verité est appuyée d'une raison solide, & prouvée par une experience certaine, premierement ie pretends qu'il n'y a point de spere, ou élement du feu au dessus de l'air, en second lieu ie soûtiens, que le feu n'est autre chose qu'un air enflamé ; enfin ie prouve que nous & les autres animaux consommons l'air, & partie des alimens que nous prenons, & que le feu consomme pareillement l'air.

Et afin de prouver mes propositions, ie dis à l'égard de la premiere, que s'il y avoit une spere ou élement du feu au dessus de l'air, nous le devrions voir aussi bien que nous voyons les Comettes, & autres feux qui paroissent la nuit au Ciel, ou dans l'air, sans parler de plusieurs autres raisons que ie pourois deduire, si celle-cy n'estoit assez forte, pour faire preuve, que ne voyant point ce feu élementaire dans, ou au dessus de l'air, il n'y en a aucun

Pour la seconde, à sçavoir que le feu n'est qu'un

air enflamé, ie la prouve premierement par cette illustre cause des Comettes que ie viens de décrire; en second lieu, par un four où il y a du bois qui brusle, car si vous mettez de la paille au bas de l'emboucheure, elle est poussée dedans, par l'air lequel y entre, & si vous la mettez vers le haut, elle est poussée dehors, par le feu, qui en sort, ainsi il paroist visiblement que l'air est changé en feu, puisque l'air entre dans ce four, & qu'il en sort du feu, que si vous bouchez ce four estant bien chaud & plein de feu, il sételndra, & se reduira en air. Troisiémement l'air qui est dans les pores du bois, se change en feu quand on le brusle. Quatriémement l'air qui est dans les pores du fer ou du charbon, s'enflame & est reduit en feu, quand on l'échauffe. Cinquiémement une paille qui a un neud ne peut pas brusler ordinairement toute entiere, à cause que ce neud bouche, pour ainsi dire, le chemin à l'air, qui viendroit par dedans, & l'empesche ainsi d'estre toute bruslée, Sixiémement comme dit cét ancien vers; *Lenis alit flammas, grandior aura necat.*

Parceque si un petit soufle entretient & fait naistre, & vivre le feu, un trop grand vent le fait mourir, l'arachant avec violence du lieu où il trouve sa nourriture & sa subsistence, Septiémement le feu demeure dans les pores de la chaux où il s'est insinué lors qu'elle estoit dans le four, d'où il sort, si on la met dans l'eau qui est sa mortelle & irreconciliable ennemye, enfin l'air se trouvant entre deux corps solides, s'enflame, lors qu'ils s'entretouchent avec violence.

Quand à la troisiéme proposition, i'ay fait experience que le feu, nous, & les autres animaux, consommons une si grande quantité d'air, ainsi que les alimens, que nous prenons, que si cét air n'estoit reparé par une autre cause, en bref il n'y en auroit plus, & faudroit que les Hommes & autres animaux fussent suffoquez ; pour en faire la preuve, ie propose ces deux experiences, prenez-moy un rat, ou un oyseau ; ou quelque autre animal vivant, & le mettez dans un vaisseau de verre, (a cause qu'il est transparant, & qu'on peut mieux voir ce qui s'y passe, que s'il estoit d'une autre matiere) & le renversez dans de l'eau, ainsi ce vaisseau sera plein d'air, & n'y en poura pas entrer d'autre, parceque son poids & sa vertu elastique, par le moyen de la quelle il presse de tous costez & pousse l'eau, laquelle s'eleve peu à peu dans le verre, iusques à ce que cét animal meure, il se fait la mesme chose dans les poissons estant constant & l'experience en est facile à faire, qu'ils consomment une partie de l'eau, qui est la meilleure & la plus salutaire, & par apres ils meurent, non pas faute d'eau mais de bonne nourriture.

Mais cette autre experience se fait bien plus viste, si au lieu de cét oyseau vous mettiez dans ce verre une chandelle allumée, de la façon que nous venons de dire, car vous verrez aussi-tost la chandelle séteindre, & l'eau monter iusques à deux ou trois doigts dans ce verre, & on ne peut pas apporter une autre raison, de la diminution de cét air, sinon qu'une partie est consommée, & que ce qui en reste est corrompu, & n'est plus propre pour nourir & conserver cette chandelle, ou cét animal en vie ; que si un si petit animal, & une chandelle consomment tant d'air en si peu de temps, combien les animaux, & les autres feux qui sont sur terre & en l'air en pouront-ils consommer & aneantir en un mois ?

Que si nous consommons l'air en respirant, à plus forte raison nous consommerons le vin, la chair & autres aliments que nous prenons, car ils demeurent bien plus long-temps en nostre corps, & se changent en differentes façons, & diverſes couleurs; & d'effet les Medecins ont fait experience, qu'il y avoit bien de la difference, entre le poids des alimens que nous prenons, & des excrements que nous rendons, quoy qu'ils diſent que cela procede d'une autre raiſon que de leur conſommation.

Jl s'enſuit de ce que deſſus, que nous devons prendre garde de ne pas demeurer & dormir trop long-temps dans une chambre, ou autre petit lieu, où il n'entre point d'air, & ſpecialement ou il y a du feu, car ce feu, & nous meſme par nôtre reſpiration, ayant conſommé la plus ſeine partie de l'air, nous pourions eſtre étouffez, comme il eſt arrivé pluſieurs fois, à diverſes perſonnes, qu'on a trouvez morts dans des chambres ou cabinets, où ils avoient allumé du charbon.

Jl faut auſſi prendre garde à ne pas trop mettre de poiſſon dans de l'eau croupiſſante, ou un petit reſervoir, car ayant conſommé la meilleure, & la plus ſeine partie de cette eau, ils meurent, non pas faute d'eau, mais parceque ce qui en demeure, n'eſt plus propre pour les nourrir, c'eſt la meſme choſe dans des eſtangs qui ſe glacent en hyver, car le poiſſon meurt deſſous la glace, tant à cauſe de ce que nous avons dit, que par ce que cette glace empeſche que la roſée ou autre eau, ne tombe ſur l'eau de cét eſtang, qui la rend meilleure, & plus ſalutaire.

On poura m'objecter que ſi le feu n'eſt autre choſe qu'un air enflamé, il s'enſuivra que l'air eſtant naturellement froid, le feu ſera froid auſſi, ce qui eſt contraire à l'experience, le feu eſtant effectivement chaud: à quoy ie reponds, premierement que ie n'eſtime pas que l'air ſoit naturellement froid, mais qu'il eſt temperé, & ſuſceptible de chaud, & de froid, en ſecond lieu il y a une certaine ſecte de Philoſophes qui ne veulent

lent rien asseurer de l'essence des choses, & pour ne sortir point de l'espece ou nous sommes, ils diroient que le feu leur paroist estre chaud, sans vouloir positivement affirmer qu'il le soit effectivement, ie ne crois pourtant pas qu'ils ayent raison, car il est constant par experience, qu'il est chaud; en troisiéme lieu quoy que le feu soit chaud, cela n'empesche pas que ce ne soit un air enflamé, & lequel pour lors est échauffé & reduit en feu, & qui se refroidit, & revient à sa premiere nature quand ce feu s'esteint, de mesme que l'eau boüillante, est chaude, bien que suivant le sentiment de la plus part des Philosophes l'eau soit essentiellement froide, & laquelle estant glacée, ou reduite en glace, est tres froide, ce qui soit dit, sans ouvrir icy mon âvis si l'eau est essentiellement froide, ou si elle est temperée.

Si on me demande quelle cause repare l'air, l'eau, & les autres choses qui sont consommées, ainsi que nous avons dit, c'est une question, que ie ne decideray pas à present, la reservant à une autre fois, comme estant bien éloignée de la cause des Cometes, cependant on la poura chercher & trouver; pour moy ie ne puis assez admirer la divine providence, qui a fait d'un si bel ordre le Ciel, & les Astres, pour servir à la terre, & le globe terrestre pour servir à l'Homme, & permis que les élemens se corrompissent & reparassent incessamment, & a bien voulu me donner (quoy que i'en fusse indigne) la connoissance de si grands misteres, c'est pourquoy finissant avec le sentiment du Prophete Royal David, ie luy en attribuë tout l'honneur & la gloire, *Non nobis Domine non nobis, sed nomini tuo da gloriam.*

FIN.

www.ingramcontent.com/pod-product-compliance
Ingram Content Group UK Ltd.
Pitfield, Milton Keynes, MK11 3LW, UK
UKHW020918180726
13838UKWH00002B/629